Annie Sloan

PEINTURES À EFFETS DÉCORATIFS

Réalisations en pas à pas

Annie Sloan

PEINTURES À EFFETS DÉCORATIFS

Réalisations en pas à pas

Photographies de Geoff Dann

ÉDITIONS FLEURUS
15-27, rue Moussorgski - 75018 Paris

Titre original en langue anglaise
Annie Sloan's Decorative Paint Effects

Traduction et adaptation française : Marie Pieroni

Photographies : Geoff Dann

Imprimé au Portugal par Printer Portuguesa
Dépôt légal : avril 2000

ISBN 2-215-07010-2
N° d'édition : 93087
1re édition

Sommaire

Introduction

Les techniques décoratives présentées dans cet ouvrage offrent une multitude d'effets et de nuances que chacun peut obtenir avec un matériel restreint. Elles reposent presque toutes sur un même secret de fabrication : le glacis. Il s'agit d'un médium transparent et incolore, que l'on teinte soi-même avec du pigment ou avec de la peinture. Son temps de séchage – relativement long – et sa consistance permettent de le travailler afin de créer

Peinture au chiffon
Cette technique consiste à tapoter fermement le glacis avec un chiffon pour révéler par endroits la couleur du support (voir pages 22 à 25). On obtient un effet irrégulier, plus ou moins contrasté selon les deux teintes choisies. Ci-dessus, un glacis ocre rouge a été appliqué sur un fond jaune chaud.

Peinture à l'éponge
Rapide et facile à exécuter, la peinture à l'éponge produit des décors pommelés assez réguliers (voir pages 26 à 29). Vous pouvez étaler le glacis au pinceau puis le tapoter avec une éponge, ou bien l'appliquer directement avec cette dernière, comme dans l'exemple ci-dessus, où un gris foncé a été posé sur un fond gris clair.

Badigeons
En effaçant doucement les traces de pinceau avec un chiffon, on obtient un effet naturel qui, rappelant les badigeons d'autrefois, convient particulièrement bien à la décoration des murs (voir pages 30 à 37). La teinte du glacis doit être voisine de celle du support, mais légèrement plus sombre. Ci-dessus, un glacis ocre a été appliqué sur un fond blanc cassé.

toutes sortes de finitions. On utilise pour cela des brosses et des pinceaux spéciaux, des éponges, des peignes, voire des objets aussi ordinaires que des chiffons ou des vieux journaux. Selon la proportion de couleur qu'ils contiennent et l'outil utilisé pour les travailler, les glacis sont plus ou moins opaques, ce qui autorise d'intéressants jeux de superpositions et de textures avec la teinte de base du support.

Ces techniques sont très faciles à maîtriser, et le résultat s'avère le plus souvent très spectaculaire. Les démonstrations photographiées dans ce livre ont été réalisées avec des glacis acryliques, plus simples d'emploi que les produits à l'huile, surtout pour les débutants.

Effets mouchetés
Cette technique crée des décors réguliers très élégants qui, vus de loin, peuvent paraître unis (voir pages 38 à 43). Comme sur l'exemple ci-dessus, les résultats les plus subtils sont obtenus en appliquant un glacis de la même teinte que le fond, mais plus foncé.

Peinture au peigne
En travaillant le glacis encore humide avec un peigne, on crée des lignes nettes qui laissent entièrement apparaître la couleur du support (voir pages 44 à 49). Selon les deux teintes utilisées, le décor peut être subtil ou plus contrasté, comme dans l'exemple ci-dessus où un glacis bleu clair a été appliqué sur un fond peint en rouge sombre.

Effets lissés et fouettés
Issus de la technique du faux bois, ces effets sont réalisés avec des brosses à soies longues (voir pages 50 à 57). Les décors fouettés (en haut) présentent des stries plus estompées que les décors lissés (en bas). Dans les deux cas, la subtilité du résultat dépend de la différence de tonalité entre la couleur du fond et celle du glacis.

Chaque technique possède son caractère propre. Certaines, comme celles qui permettent de réaliser des effets mouchetés (voir pages 38 à 43) ou lissés (voir pages 50 à 55), se prêtent par nature à des ambiances classiques, surtout dans des tons traditionnels, tels le beige ou le vert olive. Elles prennent cependant une dimension tout à fait contemporaine si on les exécute avec une palette vive, en créant par exemple un écossais composé de veinures bleues et ocre rouge sur un support peint en jaune. Les oppositions de couleurs contrastées campent des atmosphères dynamiques ; les mariages de teintes voisines sont discrets et subtils, surtout lorsque le glacis est à peine plus sombre que le fond. Pour donner plus de profondeur au décor, vous pouvez super-

Peinture à l'essuyé
Cette technique consiste à tapoter le glacis avec un petit tampon de toile à beurre ou de jersey (voir pages 58 à 61). La trame fine du tissu imprime finement la couleur, créant un effet délibérément irrégulier et doucement estompé.

Effets chiquetés
La réalisation de ces effets (voir pages 62 à 65) met successivement en œuvre deux techniques : le glacis est d'abord moucheté puis, alors qu'il est encore humide, on le retravaille en faisant rouler dessus un chiffon froissé, afin de révéler par endroits la couleur du fond.

Effets dépouillés
Parmi tous les effets présentés dans cet ouvrage, les dépouillés (voir pages 66 à 71) sont les seuls qui ne font pas appel à l'utilisation de glacis. Cette technique consiste à appliquer un matériau absorbant – tissu ou papier journal – sur une fine couche de peinture humide. On obtient une impression irrégulièrement froissée.

poser trois, voire quatre couches de peinture, en utilisant une ou plusieurs couleurs. Vous obtiendrez également des résultats intéressants en juxtaposant ou en superposant des effets réalisés avec différentes techniques.

Avant tout, souvenez-vous que vous bénéficiez d'une grande marge de manœuvre : si vous n'êtes pas satisfait de votre travail, il vous suffit d'essuyer le glacis et de recommencer. Aussi, n'hésitez pas à procéder à des expériences en toute liberté ! Les techniques de peintures décoratives sont variées et faciles à apprendre. De surcroît, elles vous offrent le plaisir gratifiant de métamorphoser une pièce ou un meuble en un décor unique.

Bonne peinture !

Faux bois
Cette technique ancienne nécessite l'observation attentive d'un modèle et une certaine précision (voir pages 72 à 77). Les explications données permettent d'imiter le chêne, l'acajou et l'érable, mais peuvent être adaptées pour reproduire d'autres essences.

Veinures fantaisie
On les réalise avec un outil spécial appelé « berceau » (voir pages 78 à 81). Cette technique autorise de nombreux effets, depuis des faux bois rustiques, peu fidèles aux essences d'origine mais décoratifs et rapides à réaliser, jusqu'à des motifs qui rappellent ceux de la soie moirée.

Faux marbres
Selon le genre de marbre que l'on cherche à imiter, ce procédé très ancien (voir pages 82 à 91) peut associer plusieurs techniques de base, comme la peinture à l'éponge et au chiffon. L'outil principalement utilisé est un blaireau qui permet de lisser le glacis afin de lui donner l'apparence du marbre.

Préparer un support

Vous pouvez appliquer de la peinture sur toutes sortes de supports. La seule condition est qu'ils soient légèrement poreux, mais il existe des sous-couches pour préparer les matériaux comme la céramique ou le verre. Vous pouvez travailler sur des surfaces irrégulières – briques, pierres, planches non équarries ou papier peint texturé – à condition de choisir une technique appropriée. Ce sont toutefois les supports lisses qui offrent le plus grand nombre de possibilités et les meilleures garanties de réussite. Il est donc préférable de prendre le temps de décaper et de poncer les objets en bois, et de reboucher trous et fissures dans les murs en plâtre.

Décaper un support en bois

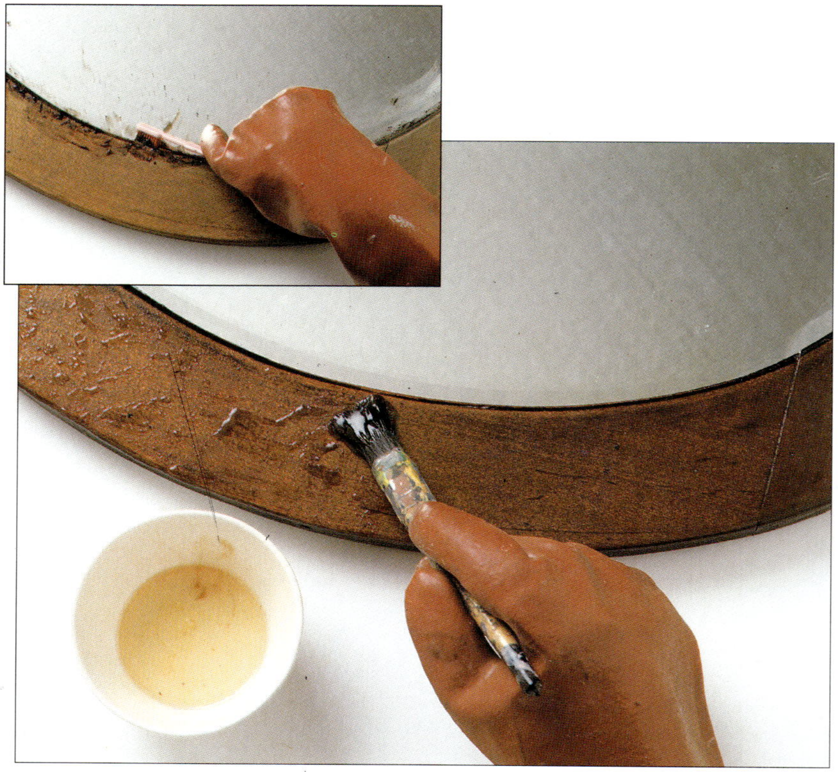

1 Avant de peindre un objet en bois, il est nécessaire de le débarrasser des anciennes couches de peinture ou de vernis. Enfilez des gants en caoutchouc, puis appliquez du décapant avec un pinceau. Servez-vous d'une vieille brosse à dents pour traiter creux et moulures. Laissez agir jusqu'à ce que les vieux revêtements forment des cloques.

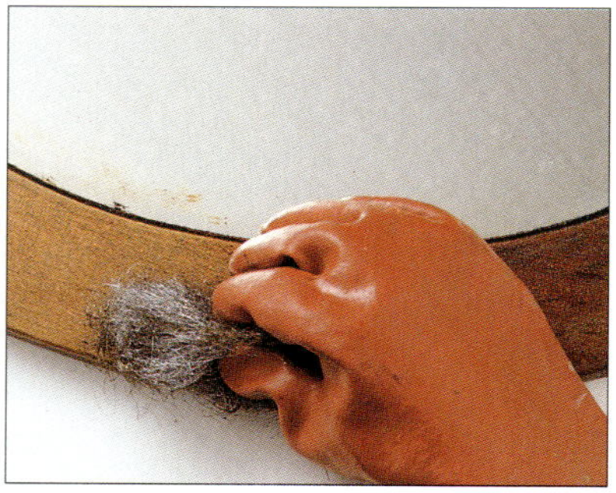

2 Grattez la peinture ou le vernis à présent ramollis avec de la laine d'acier épaisse, puis fine.

3 Appliquez au chiffon un produit neutralisant approprié. Si vous comptez travailler avec de la peinture acrylique, n'utilisez ni white-spirit ni essence de térébenthine.

Rebouchar du plâtre

1 Détachez le plâtre écaillé autour de la fissure à l'aide d'un tournevis ou de tout autre outil pointu.

2 Avec une spatule, appliquez une généreuse couche d'enduit à reboucher sur la fissure.

3 Pour faire pénétrer l'enduit dans la fissure tout en le lissant, appuyez la partie plate de la spatule sur le mur et tirez-la de haut en bas.

4 Lorsque l'enduit est bien sec, poncez-le avec du papier abrasif à grain fin enroulé autour d'une cale (ci-dessus). Dépoussiérez soigneusement le mur. Appliquez la peinture qui servira de fond au glacis (à droite). Si le support ne vous paraît pas assez régulier, poncez-le à nouveau, puis appliquez une deuxième couche de peinture.

Le matériel de base

Les procédés décoratifs expliqués dans ce livre nécessitent le même matériel de base que n'importe quel travail de peinture : des bâches et des housses pour protéger sols et meubles, des chiffons pour nettoyer les outils et essuyer les éventuelles taches, des rouleaux, des pinceaux et des brosses de différentes tailles pour appliquer la couche de base et le glacis. Il est également pratique de disposer d'un assortiment de récipients afin d'élaborer les mélanges de couleurs. Le matériel spécifique à chaque technique est indiqué dans le chapitre concerné.

Matériel pour appliquer la couche de base

Les rouleaux permettent de peindre rapidement de grandes surfaces planes, mais ils créent une légère texture en « peau d'orange ». Quand la technique choisie exige un support très lisse – peinture à l'essuyé ou effets mouchetés, par exemple –, passez une deuxième couche avec un pinceau ordinaire mais de bonne qualité, et d'une taille adaptée.

Pinceaux plats pour peindre les petites surfaces et les coins

Rouleau en laine

Rouleau en mousse fine

Spalter et pinceau plat pour peindre les grandes surfaces

Matériel pour appliquer le glacis

Appliquez les glacis à l'huile avec des pinceaux plats, et les glacis acryliques avec des pinceaux ronds. Choisissez des modèles adaptés à la taille et à la forme du support que vous voulez décorer.

Matériel divers

Préparez vos mélanges de couleurs dans des récipients en plastique si vous travaillez avec un glacis acrylique, et dans des pots en verre dans le cas où vous utilisez un glacis à l'huile. Protégez sols et meubles avec des bâches ou des housses. Prévoyez des chiffons pour essuyer les supports avant de les peindre, et pour nettoyer les taches éventuelles.

Les glacis

La majorité des œuvres présentées dans cet ouvrage sont réalisées avec un glacis. Il s'agit d'un médium transparent que l'on teinte à l'aide de peinture ou de pigment. Après l'avoir appliqué, on le travaille au chiffon, à l'éponge ou avec différents outils, afin de créer des motifs en révélant par endroits la couleur de la couche de base. Si, à cause de la profondeur de leurs teintes, les glacis traditionnels à l'huile gardent la faveur de certains peintres professionnels, ils sont aujourd'hui supplantés par les glacis acryliques, plus faciles à utiliser et moins toxiques pour l'environnement. Les exemples de ce livre sont exécutés avec des glacis acryliques, mais ils peuvent également l'être avec des produits à l'huile.

Glacis acrylique ordinaire
Il convient pour toutes les techniques présentées dans ce livre, à l'exception des faux bois et des faux marbres (voir ci-dessous). On le teinte tout simplement en y mélangeant de la peinture acrylique. Appliqué sur une couche de base satinée, il crée une finition lisse. Il prend un aspect plus crayeux sur les supports mats et, étant plus rapidement absorbé, vous laisse moins de temps pour le travailler.

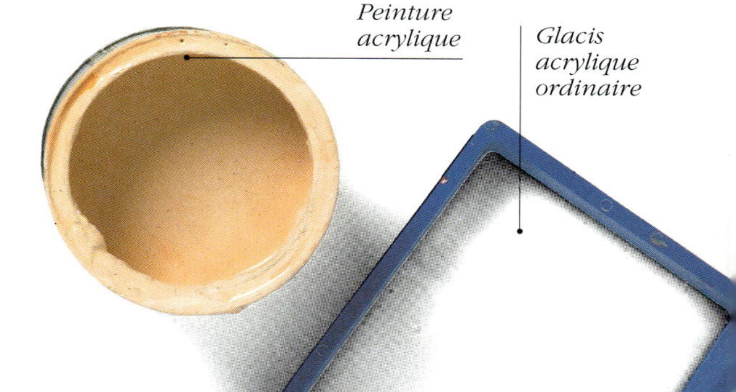

Glacis acrylique à teinter avec des colorants universels ou avec des pigments
Ce glacis possède la transparence requise pour la réalisation de faux bois et de faux marbres. Teintez-le en lui adjoignant progressivement de petites quantités de colorant universel ou de pigment, jusqu'à obtenir l'opacité voulue. Divisez la surface à décorer en sections de surface limitée, car ce glacis sèche très vite.

Glacis à l'huile prêts à l'emploi
Composé de substances d'origine végétale comme l'huile de lin ou la térébinthe, ces glacis sont vendus colorés dans différents tons de bois, ou transparents. Dans le deuxième cas, diluez-les à parts égales avec de l'essence de térébenthine, puis teintez-les à l'aide de pigment ou de peinture à l'huile. Travaillez sur une couche de base mate ou satinée.

Glacis à l'huile artisanaux
Le principe consiste à mélanger à parts à peu près égales de l'huile de lin clarifiée, de l'essence de térébenthine et un siccatif, puis à teinter la solution obtenue avec du pigment ou avec de la peinture à l'huile. Ces glacis s'appliquent généralement sur des fonds peints à l'huile, mais ils sont compatibles avec certaines peintures à l'eau.

Appliquer un glacis

La transparence d'un glacis est proportionnelle à la quantité de peinture, de pigment ou de colorant qu'on lui adjoint. Vous devez donc le teinter en fonction du degré d'opacité recherché. À titre indicatif, sachez que l'on compte habituellement une part de peinture pour quatre à six parts de glacis acrylique ordinaire (voir page 14).

Plus un glacis contient d'agent colorant, plus il sèche rapidement, ce qui diminue le temps pendant lequel vous pouvez le travailler. Aussi, lorsque vous traitez une surface importante, il convient de procéder par sections ou par bandes verticales, selon la technique décorative choisie.

Degrés d'opacité
Plus on ajoute d'agent colorant à un glacis, plus il devient opaque. Le support ci-contre a d'abord reçu un glacis bleu, travaillé au chiffon. On a ensuite appliqué un glacis vert et, cette fois, seule la partie droite a été traitée au chiffon : à gauche, les traces de pinceau sont toujours visibles. La couche de glacis vert étant progressivement moins épaisse vers le haut du support, elle révèle de plus en plus le bleu du premier glacis.

Travailler par sections

1 Pour peindre au chiffon, à l'éponge ou à l'essuyé, pour créer des effets mouchetés, des badigeons, et pour réaliser certains travaux au peigne, appliquez le glacis sur un carré d'environ 50 cm de côté.

2 Exécutez la technique choisie en laissant sur l'un des côtés une marge non travaillée – dite « bord mouillé ». Débutez la section suivante sur cette marge, afin d'éviter que les lignes de démarcation soient visibles.

Travailler par bandes verticales

1 Pour les effets lissés et fouettés, ainsi que pour certains travaux au peigne, appliquez une bande verticale de glacis. Travaillez ce dernier avec l'outil choisi, en laissant une marge sur le côté de la bande.

2 Commencez la bande suivante sur la marge non travaillée, dite « bord mouillé ». Réalisez les effets lissés et fouettés alternativement vers le haut et vers le bas, afin d'estomper les traces de pinceau et d'éviter que le glacis ne s'agglomère à la base.

LES SUPPORTS EN RELIEF

Les techniques de peintures décoratives donnent également des résultats intéressants sur des supports texturés. Si vous souhaitez dissimuler des reliefs, choisissez un effet irrégulier et prononcé, en travaillant, par exemple, au chiffon ; dans le cas où vous voulez au contraire les mettre en valeur, optez pour un procédé plus sobre, tel le badigeon. Le résultat dépend toutefois du support. Dans l'exemple ci-dessous, c'est l'effet lissé qui accentue le plus les motifs du papier peint car, bien que plus contrasté que le décor moucheté, il laisse davantage apparaître la couleur du fond.

Effet lissé

Effet moucheté

Vernis et cires

Les glacis sont relativement solides, mais il est préférable de les protéger lorsqu'ils sont appliqués sur des supports utilisés fréquemment. De surcroît, cette finition rehaussera l'aspect décoratif de vos réalisations. Plus résistants que les cires, les vernis sont parfaits pour les surfaces susceptibles d'être salies, griffées ou fréquemment nettoyées, comme les murs, les plateaux de tables, ou encore les meubles de cuisine et de salle de bains. En général, les vernis satinés conviennent bien aux couleurs vives, alors que les tons doux ou naturels s'accordent mieux d'un vernis mat ou d'une cire.

Vernis satiné

L'échantillon carré et la moulure ci-contre doivent tous deux leur aspect légèrement brillant au vernis acrylique satiné qui les protège. Les produits équivalents mais à base de solvant sèchent moins vite ; ils possèdent une teinte un peu jaune qui rehausse les couleurs en leur donnant de la profondeur.

Pinceau à vernir

Vernis acrylique satiné

Vernis mat

Les vernis acryliques mats ne sont pas imperméables à la graisse. Si vous voulez les rendre plus résistants, protégez le support avec une couche de vernis acrylique satiné avant de les appliquer. Même en finition mate, les vernis à base de solvant sont souvent un peu brillants. Il existe des vernis colorés, mais vous pouvez élaborer vos propres teintes avec des pigments, comme pour les deux exemples de droite.

Pinceau à vernir

Vernis acrylique mat

APPLIQUER DU VERNIS OU DE LA CIRE

Avec un pinceau plat, appliquez le vernis en une couche fine et régulière ; étalez-le en travaillant avec le bout du pinceau.

Appliquez la cire à l'aide d'un tampon de laine d'acier fine, laissez-la pénétrer pendant dix à quinze minutes, puis polissez-la avec un chiffon doux.

Appliquer du vernis

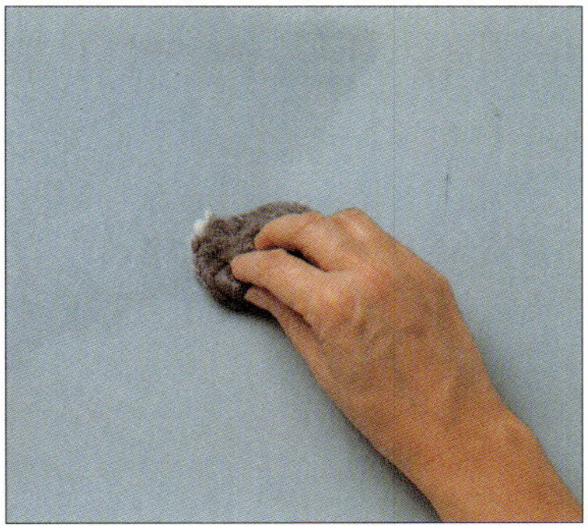

Appliquer de la cire

Cire incolore

Sans être aussi résistante qu'un vernis, la cire protège les décors peints. Elle donne une finition doucement lustrée, plus profonde qu'un vernis mat, mais moins brillante qu'un vernis satiné. Utilisez de la cire sans toluène, car celui-ci agit comme un décapant.

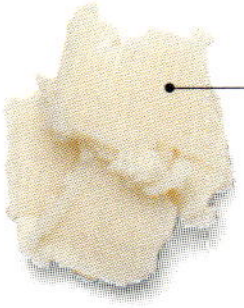

Cire incolore

Laine d'acier fine

Chiffon en coton

Cires à patiner

Ces cires colorées donnent aux décors peints un aspect vieilli. Les deux exemples ci-contre ont été protégés avec de la cire à patiner foncée, que l'on a laissé se déposer en couche plus épaisse dans les creux de la moulure afin de simuler l'encrassement accumulé au fil du temps.

Cire à patiner

Laine d'acier fine

Chiffon en coton

Les techniques

La peinture au chiffon

La peinture à l'éponge

Les badigeons

Les effets mouchetés

La peinture au peigne

Les effets lissés et fouettés

La peinture à l'essuyé

Les effets chiquetés

Les effets dépouillés

Les faux bois

Les veinures fantaisie

Les faux marbres

Associer plusieurs techniques

La peinture au chiffon

Mur peint au chiffon
Sur ce mur peint en blanc cassé, un glacis ocre jaune, assombri d'une pointe d'ocre rouge, a été appliqué puis travaillé au chiffon. À moins de rechercher un effet particulier, évitez de choisir deux teintes trop contrastées pour réaliser des décors de ce genre.

CETTE TECHNIQUE crée des effets irréguliers dont la spontanéité convient aussi bien à la décoration de murs que de meubles. Elle consiste à retirer une partie du glacis encore humide en le tapotant fermement avec un chiffon de la taille d'une grande serviette de table, grossièrement roulé en boule dans la main. On utilise généralement un tissu en coton doux, mais vous pouvez obtenir des effets intéressants avec d'autres matières. Les toiles de lin épaisses produisent, par exemple, des textures très marquées, alors que le polyester dessine des motifs légers et estompés.

La peinture au chiffon laisse largement apparaître la couleur de la couche de base, qui est habituellement à peine plus claire que le glacis. Le résultat est d'autant plus subtil que les deux teintes choisies sont proches.

OUTILS ET MATÉRIEL

La technique de base

1 Appliquez généreusement le glacis en croisant les coups de pinceau, sur une section de 0,25 m² maximum.

2 Tapotez le glacis avec un chiffon roulé dans la main. Laissez une marge non travaillée (voir page 17).

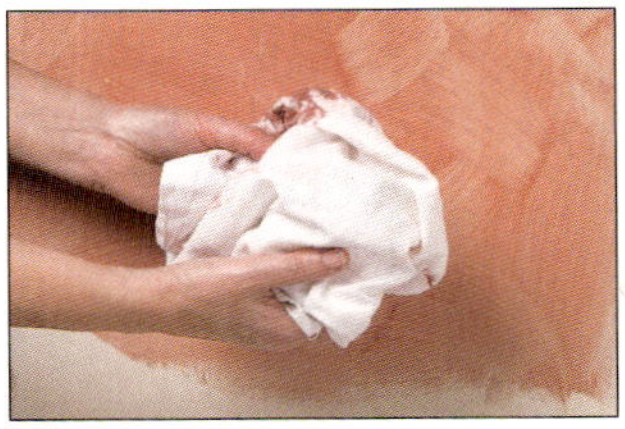

3 Enroulez différemment le chiffon tous les dix tapotements environ, et changez-le dès qu'il est saturé de glacis.

4 Répétez les étapes 1 à 3 jusqu'à ce que le support soit entièrement décoré.

La réalisation des angles

1 Pour éviter les accumulations de glacis dans les angles, veillez à y appliquer une couche plus fine que sur les surfaces planes.

2 Tapotez doucement le chiffon le long de l'angle. Travaillez avec précaution afin de ne pas toucher le mur adjacent.

3 Lorsque le décor est presque sec, tapotez vigoureusement l'angle avec une brosse à moucheter pour retirer l'excédent de glacis.

Effets originaux

Vous pouvez espacer les endroits travaillés au chiffon afin de laisser apparaître des zones où les traces de pinceau sont toujours visibles.

Sur des petites surfaces, il est possible de réaliser des motifs réguliers en conservant toujours le chiffon roulé de la même manière.

Superpositions

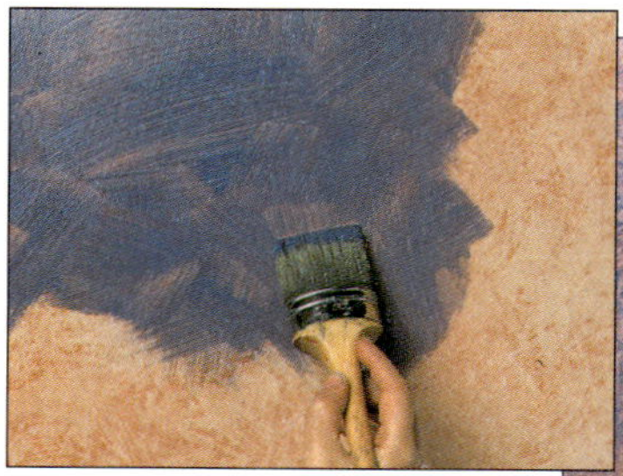

Il est tout à fait possible de superposer deux glacis travaillés au chiffon. Ce procédé permet de créer un effet tricolore, ou d'assombrir un décor qui vous paraît trop clair.

PIÈGES À ÉVITER

Une couche de glacis trop épaisse produit des bulles et des surépaisseurs qui restent molles (en haut). À l'inverse, si le glacis est trop mince ou pas assez coloré, le décor manque de vigueur (en bas).

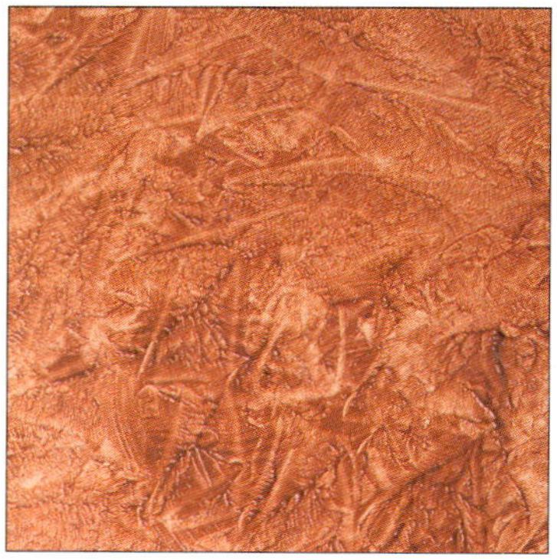

Couche de glacis trop épaisse

Couche de glacis trop mince

Cadre peint au chiffon

À GAUCHE *Après l'avoir peint en gris-bleu, on a appliqué sur ce cadre un glacis couleur chocolat, puis on l'a travaillé au chiffon.*

Coffret avec glacis superposés
CI-DESSOUS Pour donner plus de profondeur à ce décor rouge sur fond ocre jaune, on a appliqué successivement deux glacis travaillés au chiffon.

Bougeoir
À GAUCHE Cet effet subtil a été réalisé en appliquant un glacis bleu sur un fond brun, puis en le travaillant au chiffon.

HARMONIES DE COULEURS

VARIER LES EFFETS DE MATIÈRES

Les films et les emballages en plastique créent des motifs nets et contrastés, parfaits pour décorer des meubles, mais qu'il convient d'atténuer sur les murs en utilisant des teintes proches les unes des autres. Adapté à tous les supports, le papier essuie-tout produit des effets doux et légèrement mouchetés.

Travail avec du film plastique

Travail avec du papier essuie-tout

La peinture à l'éponge

Table peinte à l'éponge
Ce décor doit sa profondeur à une superposition de glacis, appliqués à l'éponge sur un fond noir. On a utilisé plusieurs teintes de turquoise, et un vert plus vif pour donner du contraste.

Les éponges naturelles permettent de créer des petites taches irrégulières de couleur, d'un aspect vivant et très spontané. Il existe deux manières de procéder, aussi simple et rapide l'une que l'autre : vous pouvez utiliser l'éponge pour poser directement le glacis, ou bien pour le retravailler après l'avoir appliqué au pinceau. La première méthode produit des décors moins denses que la seconde, mais il est possible de leur ajouter de la profondeur en superposant plusieurs teintes. Dans les deux cas, la couche de base peut être plus claire ou plus sombre que les glacis. Vous pouvez exécuter cette technique avec de la peinture acrylique ordinaire, surtout si vous travaillez sur des petites surfaces. L'emploi de glacis autorise toutefois des jeux de transparence plus intéressants.

OUTILS ET MATÉRIEL

Pinceau pour appliquer le glacis

Éponge naturelle

Morceau d'éponge pour les angles

Glacis bleu

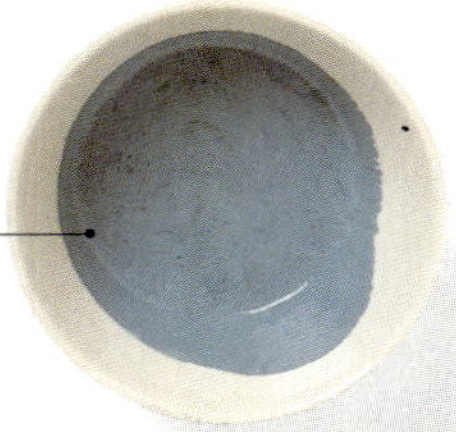

La technique de base

1 Appliquez une généreuse couche de glacis. Il n'est pas important de travailler de façon régulière, à condition de couvrir toute la surface.

2 Tapotez fermement le glacis avec une éponge humide, en modifiant souvent l'angle de travail. Laissez un bord mouillé *(voir page 17).*

3 Appliquez le glacis sur la section suivante, en commençant sur le bord mouillé ménagé à l'étape 2.

4 Répétez les étapes 1 à 3 afin de décorer tout le support. Les traces de pinceau ne doivent plus être visibles. Rincez régulièrement l'éponge et essorez-la soigneusement avant de continuer.

La réalisation des angles

1 Appliquez le glacis au pinceau sur les deux murs adjacents, en insistant dans l'angle, puis travaillez à l'éponge comme cela est expliqué à l'étape 2, ci-dessus.

2 Pour réaliser l'angle sans endommager le décor des murs, utilisez un petit morceau d'éponge.

Superpositions

Vous pouvez juxtaposer deux teintes, ou bien les faire chevaucher pour en obtenir une troisième. Un glacis posé au pinceau produit un fond dense dans lequel on peut alors ménager des rehauts.

Les superpositions de couleurs appliquées directement à l'éponge créent des mouchetures subtiles. N'hésitez pas à associer les deux procédés pour créer des décors encore plus intéressants.

1 Vous pouvez utiliser deux, trois, quatre couleurs, ou même plus. Ici, le premier glacis est suffisamment léger pour laisser apparaître le fond.

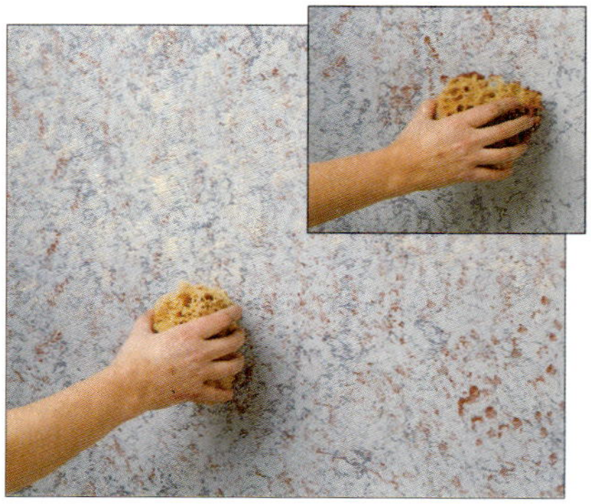

2 On applique ensuite du rouge, puis du jaune pâle. Il n'est pas nécessaire de laisser sécher chaque couche, mais il faut alors effacer l'ensemble du décor en cas d'erreur.

3 Pour finir, on pose un glacis gris-bleu foncé. Vous pouvez appliquer une couche de vernis entre chaque glacis afin de protéger votre travail en cas d'erreur.

Les éponges synthétiques

Les éponges synthétiques donnent des résultats très différents des modèles naturels. Ci-dessus, on a créé des motifs aux contours nets avec des éponges rectangulaires de plusieurs tailles et deux couleurs de glacis.

PIÈGES À ÉVITER

Pour éviter qu'un glacis appliqué directement à l'éponge ne donne un décor morcellé, choisissez une teinte qui ne contraste pas trop avec celle du fond, et juxtaposez étroitement les motifs. Si vous posez le glacis au pinceau, veillez qu'il ne soit ni trop sombre ni trop épais, car l'effet réalisé ensuite à l'éponge manquerait de finesse.

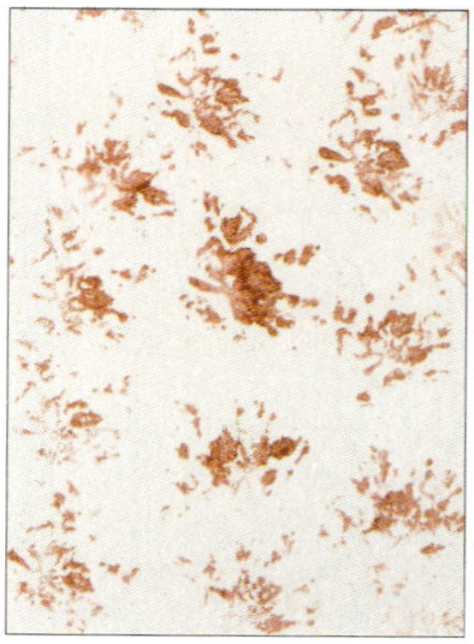

Couleurs trop contrastées et motifs trop espacés

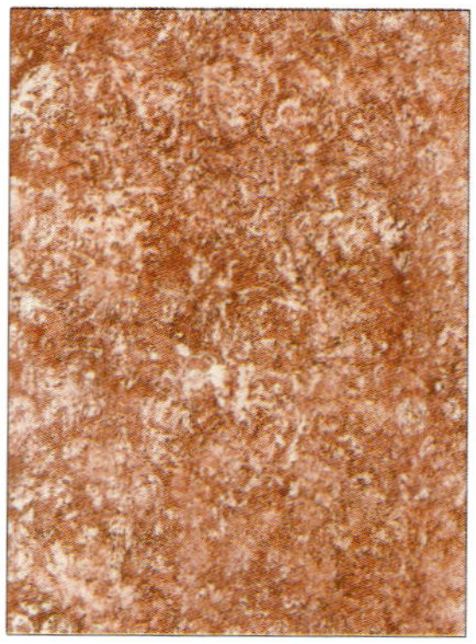

Glacis trop épais

Mur peint à l'éponge
CI-DESSUS Sur un fond blanc cassé, on a posé au pinceau un glacis ocre teinté de rose, puis on l'a travaillé à l'éponge afin de créer ce décor régulièrement pommelé.

Bougeoir peint à l'éponge
À DROITE Pour créer cet effet de pierre, on a peint le bougeoir en crème, puis on a appliqué à l'éponge des touches irrégulières d'ocre, de beige et de gris.

Mur rayé
CI-DESSUS Une éponge a été employée pour moucheter les rayures bleues en bleu clair, et les rayures blanches en bleu foncé.

Chaise peinte à l'éponge
CI-DESSUS Après l'avoir peinte en bleu, on a décoré cette chaise à l'éponge avec des glacis rouge et jaune.

HARMONIES DE COULEURS

Glacis vert foncé et kaki sur fond vert olive clair

Glacis noir sur fond bleu vif

Glacis ocre jaune sur fond rouge foncé

Glacis rouge foncé sur fond vert vif

Les badigeons

Le choix des couleurs joue un rôle important dans les résultats obtenus avec cette technique. Les tons de terre évoquent les murs chaulés d'autrefois, avec leurs contrastes de zones sombres ou fanées. Les coloris puissants, comme le rouge cramoisi ou le vert émeraude, produisent des effets semblables à des laques orientales, surtout si on les rehausse de vernis brillant ou satiné. Les teintes pastel créent des décors très doux, qu'il convient de laisser tels quels ou de protéger avec une finition mate (voir pages 18-19). Contrairement à d'autres procédés, il est possible de traiter en une seule fois des surfaces de grandes dimensions, car le travail consiste simplement à essuyer le glacis presque sec, en utilisant un chiffon légèrement mouillé si celui-ci n'est plus assez humide.

Cheminée badigeonnée
La forme sobre de cette cheminée a été rehaussée par un badigeon aux effets subtils. Sur une couche de base bleu-gris clair, on a appliqué des touches de glacis d'intensités différentes, avec du bleu, du rouge acajou, et avec un mélange sombre de ces deux teintes. Après avoir essuyé le décor, on l'a laissé sécher, puis on a procédé à une deuxième application pour donner plus de profondeur à l'ensemble. Afin de créer un contraste, les tranches de la tablette et l'encadrement du manteau ont été travaillés avec un chiffon doux alors qu'ils étaient encore humides.

DÉTAIL DE LA CHEMINÉE

Ce détail montre le contraste entre les zones qui ont été essuyées alors que le glacis était presque sec, et celles, plus claires, qui ont été travaillées quand il était humide.

OUTILS ET MATÉRIEL

Pinceau pour appliquer le glacis

Pinceau pour les bords et les coins

Toile à beurre ou jersey de coton

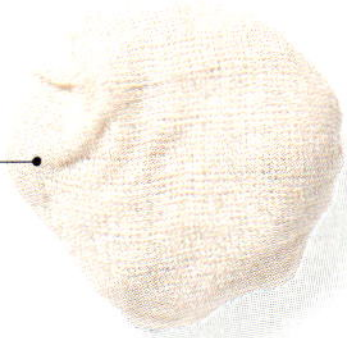

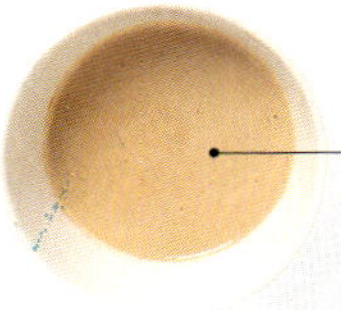

Glacis coloré

La technique de base

1 Appliquez le glacis sur toute la surface à décorer. Laissez-le sécher jusqu'à pouvoir le travailler sans le rayer. Si le support est vraiment très grand, travaillez par sections en laissant un bord mouillé (voir page 17).

2 Essuyez avec un chiffon doux, en faisant des traces de longueurs et d'orientations différentes. Appuyez assez fort pour révéler la couche de base, mais sans enlever tout le glacis.

3 Quand le chiffon est saturé de glacis, enroulez-le de manière différente afin de travailler de nouveau avec un tissu propre.

4 Continuez à procéder de la même façon afin de faire disparaître toutes les traces de pinceau, et d'étaler régulièrement la couleur.

Peindre au-dessus d'une cimaise

1 Avec un pinceau d'environ 8 cm de largeur, appliquez une couche généreuse de glacis sur le mur, sans travailler trop près de la cimaise.

2 Utilisez un pinceau plus étroit – 4 cm de largeur, par exemple – et peu chargé de peinture pour peindre délicatement le long de la cimaise.

3 Lorsque le glacis est presque sec, essuyez-le dans toutes les directions avec un chiffon doux (voir étapes 2 à 4, page 31).

4 À l'aide d'un petit tampon de chiffon, essuyez l'excédent de glacis accumulé le long de la cimaise.

Superpositions

L'application d'un deuxième badigeon, de couleur indentique ou différente, permet de renforcer, d'éclaircir ou de donner plus de profondeur au premier. Plus les deux teintes choisies sont dissemblables, plus le décor est contrasté car, une fois essuyé, le deuxième glacis laisse apparaître le premier. Vous pouvez superposer autant de glacis que vous le souhaitez, selon l'effet recherché.

1 Laissez sécher le premier badigeon, puis recouvrez-le de glacis (voir étape 1, page 31). Ici, on pose un brun rougeâtre sur de l'ocre clair.

2 Lorsque le glacis est presque sec, essuyez-le avec un chiffon doux afin de révéler par endroits la couleur du premier badigeon.

Peindre une corniche

1 Cette technique est valable pour tous les supports en relief. Avec un petit pinceau, appliquez un glacis d'une teinte un peu plus sombre que celle de la couche de base, en insistant bien dans les creux.

2 Lorsque le glacis est presque sec, essuyez-le avec un chiffon doux, en appuyant plus fortement quand cela est nécessaire, afin d'obtenir une couleur régulière.

Peindre un objet en relief

La technique du badigeon permet également de mettre en valeur des objets sculptés ou moulés. Le glacis ou la peinture s'accumule dans les zones en retrait qui, moins exposées à l'essuyage que celles en saillie, deviennent plus sombres. En simulant les dépôts accumulés dans les creux au fil des ans, ce procédé permet de donner une patine ancienne à des objets neufs.

1 La peinture donne un résultat plus dense que le glacis. Peignez l'objet avec une première couleur (ici, un ocre rouge foncé), vernissez-le (voir pages 18-19) pour qu'il n'absorbe pas la deuxième couche, puis appliquez cette dernière (ici, un brun noirâtre).

2 Lorsque la peinture est presque sèche, essuyez-la délicatement avec un chiffon doux, en appuyant davantage sur les zones en saillie afin de les débarrasser presque entièrement de la deuxième couleur.

3 Si la peinture est trop sèche ou si vous souhaitez en ôter davantage, utilisez un chiffon légèrement humide.

Médaillon badigeonné
À DROITE Le contraste entre la clarté des zones en saillie et l'aspect plus sombre des creux donne à ce médaillon une patine ancienne très réaliste.

Travailler avec plusieurs teintes

1 Au lieu de travailler par superpositions (voir page 33), vous pouvez juxtaposer deux teintes ou plus. Appliquez des touches d'un premier glacis (ici, du vert clair) en les espaçant suffisamment pour laisser de la place aux teintes suivantes.

2 Terminez de couvrir le support avec une teinte de même intensité que la précédente (ici, du bleu clair). Pour animer le décor, ajoutez quelques touches d'une troisième couleur, plus sombre (ici, un bleu foncé).

3 Étalez bien la teinte la plus sombre pour l'estomper. Les couleurs doivent se fondre les unes dans les autres, sans contours nets.

4 Essuyez le support en effectuant des mouvements circulaires avec un chiffon doux, afin de dégrader doucement les couleurs.

BADIGEONS À LA BROSSE

Au lieu d'utiliser un chiffon, vous pouvez essuyer le glacis avec une large brosse plate. Pour atténuer les traces des soies, travaillez avec la pointe de la brosse tenue perpendiculairement au support. Vous obtiendrez un effet encore plus estompé en employant une brosse de tapissier.

Brosse de tapissier

Large brosse plate

Badigeon travaillé avec une brosse à soies raides

Badigeon travaillé avec une brosse de tapissier

Superposition de verts et de bleu

CI-DESSUS Un glacis vert sauge a été posé sur un fond vert menthe. Une fois sec, on a peint des pois bleus dont on a tout de suite légèrement essuyé le centre.

Superposition d'orangé et d'ocre rouge

CI-DESSUS Les spirales de ce décor ocre rouge sur fond orangé ont été créées en exerçant des mouvements circulaires avec un chiffon.

Casier à lettres rustique

À GAUCHE Cet effet vieilli a été obtenu avec un glacis bleu moyen, badigeonné sur un fond jaune vif.

Porte badigeonnée

À DROITE Après avoir peint l'encadrement de cette porte en orange vif et les panneaux en vert, on a appliqué un glacis brun sur le premier et bleu sur les seconds. L'ensemble a été travaillé au chiffon afin de former des motifs.

PIÈGES À ÉVITER

Si vous essuyez le glacis en travaillant toujours dans la même direction, le résultat manque d'uniformité.

Il n'est pas possible d'essuyer correctement un glacis trop épais. Lorsque l'on veut obtenir une teinte profonde, il est donc préférable de superposer deux fines couches de glacis.

Essuyage dans une seule direction

Glacis trop épais

Médaillon classique

À DROITE Après avoir peint ce médaillon en plâtre avec un gris-beige très pâle, on y a appliqué un glacis sombre, composé de plusieurs tons de brun. On l'a ensuite légèrement essuyé au chiffon, afin de révéler la couleur de base sur les zones en saillie.

HARMONIES DE COULEURS

Mur avec cimaise

À GAUCHE Le rose assourdi de ce mur a été rehaussé par un badigeon. On a utilisé un glacis rouge cramoisi au-dessus de la cimaise, et la même teinte additionnée d'une pointe de brun chocolat au-dessous.

Mur avec corniche

À GAUCHE Ce mur surmonté d'une corniche blanche a été peint en blanc cassé, puis badigeonné d'une seule couche de glacis beige.

Les effets mouchetés

Médaillon et mur mouchetés
Après avoir peint le mur en jaune citron vif et le médaillon en gris, on leur a appliqué le même glacis vert moucheté, afin d'harmoniser l'ensemble.

CETTE TECHNIQUE TRÈS COURANTE permet de créer des décors classiques et élégants. Elle consiste à frapper le glacis encore humide avec une brosse afin d'y imprimer de minuscules points, discernables uniquement de près, qui révèlent la couleur du fond. On peint généralement ce dernier en blanc pour y appliquer des couleurs vives, et en blanc cassé si on a choisi des tons plus assourdis. Dans tous les cas, veillez à ajouter une grande quantité de pigment, de colorant ou de peinture dans le glacis, car il doit être posé en voile très mince. Il est important de travailler sur des supports lisses et bien préparés (voir pages 10-11). En effet, la régularité et la finesse des effets mouchetés font ressortir la moindre imperfection.

OUTILS ET MATÉRIEL

Glacis coloré et pinceau

Brosse à moucheter de 8 x 10 cm environ, pour les petites surfaces

Brosse à moucheter de 2,5 x 10 cm environ, pour les angles et les détails

Brosse à moucheter de 13 x 18 cm environ, pour les grandes surfaces

La technique de base

1 Appliquez une couche très fine de glacis, en travaillant dans toutes les directions pour bien l'étaler.

2 Retravaillez doucement le glacis avec la pointe du pinceau pour effacer toutes les traces et pour obtenir la surface la plus régulière possible.

3 Avec une large brosse à moucheter, frappez le glacis à petits coups forts et précis. Travaillez par sections (voir page 17). Le résultat doit être finement et régulièrement moucheté.

Effacer les taches

1 La brosse à moucheter crée parfois de petites taches. Effacez-les du bout du doigt, puis retravaillez-les immédiatement à la brosse.

2 Essuyez régulièrement la brosse avec un chiffon afin d'éviter que le glacis ne s'accumule autour des soies. En effet, un excédent de glacis empêche d'obtenir la régularité exigée par cette technique.

La réalisation des angles

1 Utilisez un petit pinceau pour appliquer une bande de glacis de part et d'autre de l'angle.

2 Mouchetez le premier mur en travaillant le plus près possible de l'angle, sans toucher le mur adjacent.

3 Mouchetez le deuxième mur de la même manière. Tenez bien la brosse perpendiculairement au mur, et essuyez-la régulièrement pour la débarrasser de l'excédent de glacis.

4 Avec une petite brosse – d'environ 2,5 x 10 cm –, mouchetez les deux murs au ras de l'angle afin de supprimer l'excédent de glacis. Si vous trouvez que la brosse retire trop de matière, laissez un peu sécher le glacis avant de continuer.

Créer un dégradé

1 Appliquez une bande de glacis de la teinte la plus claire, et étalez-la en une couche fine et régulière (voir étapes 1 et 2, page 39).

2 En travaillant toujours avec la même teinte, appliquez une deuxième bande sous la première, en laissant une marge de 5 à 7,5 cm entre les deux.

3 Alors que la deuxième bande est encore humide, recouvrez-la d'une couche de glacis fine et régulière, d'une teinte plus sombre que précédemment.

4 Étalez le glacis sur la marge laissée vierge afin de relier les deux bandes et de fondre les teintes l'une dans l'autre. Appliquez deux autres couches de la teinte la plus sombre en répétant les étapes 2 à 4.

5 Mouchetez l'ensemble de la surface (voir étape 3, page 39). Travaillez de haut en bas afin de ne pas assombrir les zones les plus claires. Une fois le décor terminé, la démarcation entre les deux bandes du début doit avoir presque disparu, laissant place à un dégradé progressif.

Peindre une cimaise

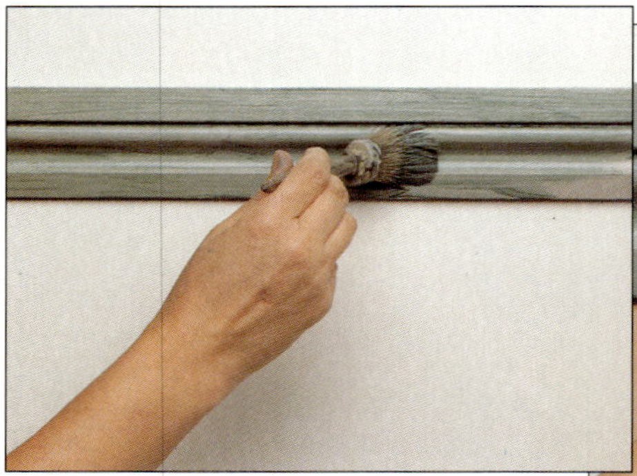

1 Appliquez le glacis sur la cimaise. Veillez à l'étaler régulièrement afin qu'il ne s'accumule pas dans les creux.

2 Protégez le mur en tenant un morceau de carton au ras de la cimaise, et mouchetez régulièrement celle-ci avec une brosse étroite, mesurant environ 7,5 x 10 cm. Modifiez l'angle de travail afin que la brosse ne laisse pas de traces.

PIÈGES À ÉVITER

Quand on frappe la brosse avec trop de force, ses soies tracent des faisceaux de petites lignes. Bien que cet effet soit décoratif et puisse être exécuté délibérément, il ne possède pas la finesse d'un décor moucheté classique (à droite). Si, à l'inverse, la brosse est frappée trop légèrement, elle ne parvient pas à effacer les traces de pinceau, et le résultat manque de régularité (à l'extrême droite).

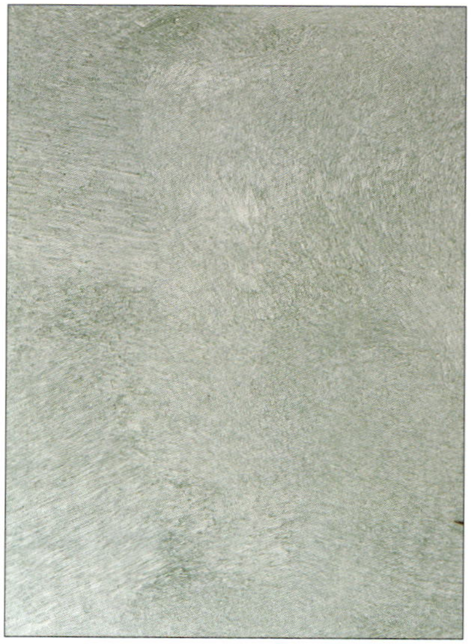

Brosse frappée trop fort

Brosse frappée trop légèrement

Pied de lampe moucheté

À GAUCHE Un glacis bleu éclairé d'une pointe de blanc a été posé sur un fond blanc. Pour obtenir un décor régulier, faites pivoter le pied de lampe à mesure que vous le mouchetez avec délicatesse.

Bureau moucheté

À GAUCHE ET CI-DESSUS Ce décor dense et velouté a été obtenu en mouchetant un glacis brun froid sur un fond peint en ocre chaud. Sobre et naturel, le résultat évoque la texture du bois.

VARIER LES EFFETS DE MATIÈRES

Vous pouvez utiliser n'importe quelle brosse à soies courtes et raides. Les effets obtenus sont moins réguliers mais très décoratifs, comme ceux que créent par exemple les touffes de poils des balayettes.

Effet moucheté réalisé à la balayette

HARMONIES DE COULEURS

La peinture au peigne

LES PEIGNES SERVAIENT AUTREFOIS à imiter certaines essences de bois. De nos jours, on les utilise pour créer de nombreux effets décoratifs, inspirés de motifs traditionnels ou contemporains : madras, écossais, carreaux vichy, damiers, rayures Régence... Le choix des couleurs et la façon de les associer sont particulièrement importants. En effet, alors que les autres techniques présentées dans ce livre reposent sur des jeux de transparence qui permettent de rehausser ou d'enrichir la teinte de base du support, la peinture au peigne doit être réalisée avec des glacis presque opaques, afin de pouvoir tracer des lignes nettes.

Table écossaise
Cette table a d'abord été entièrement peinte en rouge. Une fois sèche, on y a tracé de larges rayures horizontales avec du glacis vert, puis on les a striées à l'aide d'un peigne gradué (voir Outils et matériel, *page ci-contre). Après avoir laissé sécher, on a répété l'opération, mais en réalisant cette fois des rayures verticales bleu foncé. Un quadrillage régulier de filets jaune clair complète le motif écossais.*

OUTILS ET MATÉRIEL

Peigne avec trois écartements de dents différents

Peigne gradué avec deux largeurs de dents différentes

Glacis

Pinceau

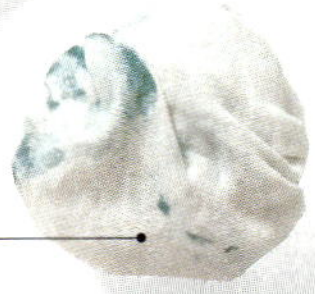

Chiffon

La technique de base

1 Avec un pinceau, appliquez le glacis le plus régulièrement possible. Si vous décorez un mur, travaillez par bandes d'un mètre de largeur environ, du plafond au sol.

2 Prenez le peigne à deux mains, ses dents inclinées vers le haut, et tirez-le sur le glacis, de haut en bas. Procédez avec fermeté et rapidité.

3 Si vous arrêtez votre geste au milieu de la bande, relâchez légèrement la pression exercée sur le peigne avant de continuer à le tirer.

Superpositions

Il existe des peignes avec des dents de différentes largeurs, espacées régulièrement ou graduellement, et vous pouvez également fabriquer vos propres modèles (voir page 46). Cette diversité permet de réaliser une multitude de motifs rayés ou écossais, surtout si l'on superpose plusieurs couches de glacis. Il est possible de poser des teintes claires ou vives sur des couleurs foncées, et vice versa.

1 Grattez une première couleur au peigne. Lorsqu'elle est sèche, recouvrez-la d'une couche régulière de glacis d'une teinte différente.

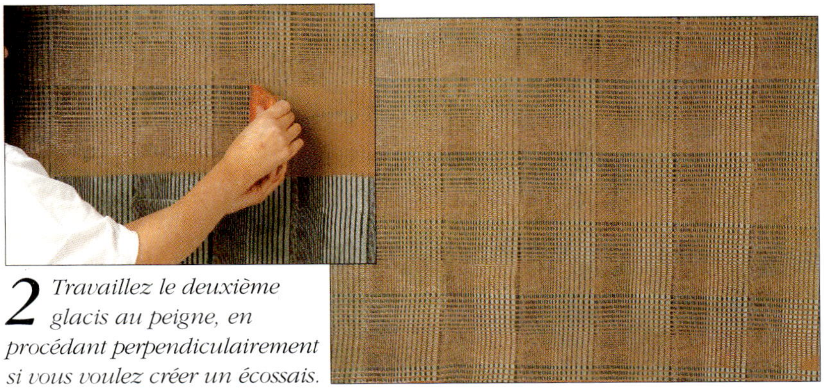

2 Travaillez le deuxième glacis au peigne, en procédant perpendiculairement si vous voulez créer un écossais.

Fabriquer un peigne

Les peignes vendus dans le commerce présentent l'avantage d'être résistants, mais leurs tailles et leurs formes ne conviennent pas forcément au décor que vous souhaitez réaliser. Il est très simple de fabriquer ses propres modèles. Vous pouvez utiliser du carton épais. Les dalles de sol en plastique offrent cependant un matériau plus résistant, tout en restant faciles à découper.

1 Découpez un rectangle dans une dalle de sol en plastique. Sur l'un des côtés, tracez des repères réguliers, selon la largeur et l'écartement de dents voulus.

2 Tracez un trait sous les repères, d'un bord à l'autre du rectangle. Reliez les repères deux à deux, afin d'obtenir une ligne de « V » dont la base repose sur le trait.

3 Découpez soigneusement les « V » au cutter : vous obtenez des dents avec un sommet tronqué.

4 Biaisez les deux côtés du rectangle pour en faciliter la manipulation.

Exemples de peignes
Voici quelques modèles de peignes, achetés dans le commerce ou fabriqués.

Créer un décor à damier

1 Ajoutez suffisamment d'agent colorant au glacis pour qu'il soit opaque, puis appliquez-le au pinceau en l'étalant bien.

2 À l'aide d'un peigne à dents larges régulièrement espacées, tracez des carrés avec des stries alternativement horizontales et verticales.

3 Essuyez régulièrement le peigne pour le débarrasser de l'excédent de glacis. Après une rangée ou deux, il peut s'avérer plus rapide de réaliser d'abord tous les carrés avec des stries verticales, en les espaçant régulièrement.

4 Complétez le damier en plaçant des carrés avec des stries verticales dans les espaces vierges. Il est également possible de réaliser des losanges en tenant le peigne en diagonale.

Variantes

Les peignes permettent de réaliser un large éventail d'effets décoratifs selon la taille des dents, l'inclinaison qu'on leur affecte et les associations de couleurs utilisées.

À DROITE *Ce décor a été réalisé avec un peigne gradué tiré verticalement puis horizontalement, alors que le glacis était encore humide.*

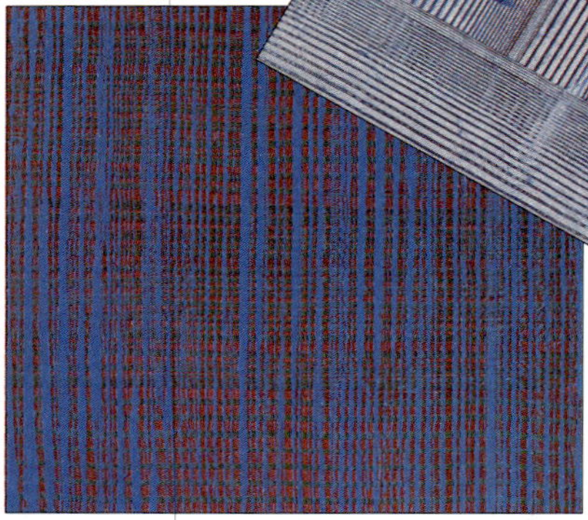

CI-DESSUS *Sur un fond peint en rouge, on a utilisé un peigne pour réaliser des bandes horizontales vertes, puis des stries verticales bleues.*

CI-DESSUS *Ces motifs bleus sur fond blanc ont été réalisés avec une série de peignes munis de dents de largeurs différentes.*

À GAUCHE *Après avoir peint la partie supérieure de ce décor en blanc cassé, on a appliqué un glacis brun et on l'a travaillé au peigne dans tous les sens. En bas, un glacis bleu appliqué sur un fond ocre-rouge a été rayé de manière régulière.*

PIÈGES À ÉVITER

La souplesse des motifs tracés avec le peigne et le contraste de leurs couleurs dépendent de la consistance de la couche de glacis. Si elle est trop épaisse, vous obtenez des empâtements ; si elle est trop mince, le résultat manque de netteté et de profondeur. Avant de commencer un décor, procédez à des essais.

Couche de glacis trop épaisse

Couche de glacis trop mince

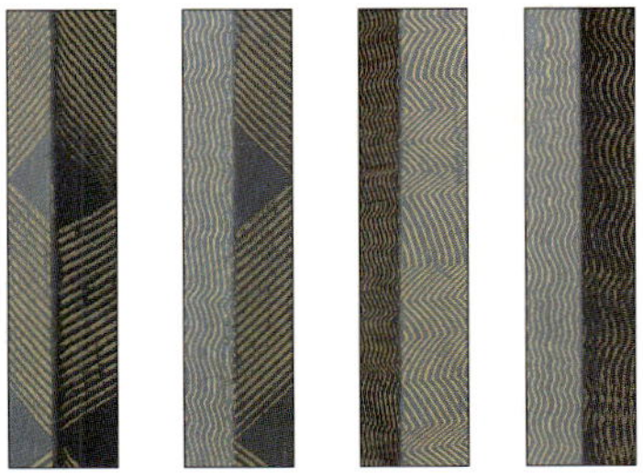

Table bleue et jaune

CI-DESSUS Cette table de chevet a été peinte en bleu avant de recevoir par endroits un glacis jaune. Celui-ci a été travaillé avec un peigne, sauf sur le tiroir. Chaque pied a été décoré de manière différente. Les aplats bleus mettent en valeur le jeu des motifs réalisés au peigne.

HARMONIES DE COULEURS

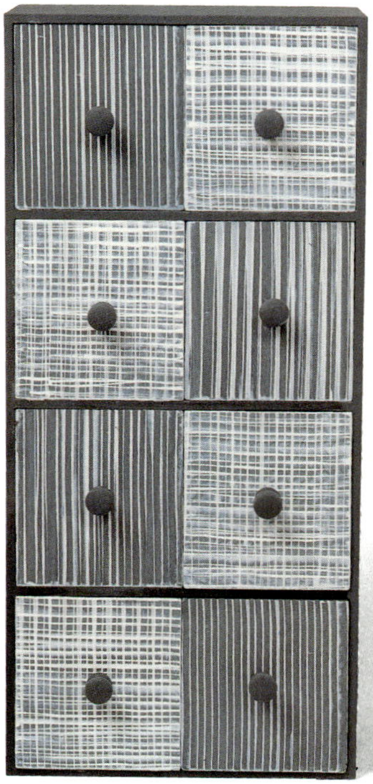

Jeu de rayures et d'écossais

À GAUCHE Cette commode a été entièrement peinte en bleu foncé. Les tiroirs ont ensuite été recouverts d'un glacis blanc, puis rayés par deux fois verticalement, avec un peigne de même largeur, spécialement fabriqué à cet effet. Une fois ce travail sec, on a répété l'opération sur la moitié des tiroirs, en travaillant cette fois horizontalement afin d'obtenir un motif écossais.

Coffre

À GAUCHE Après avoir été peint en mauve, ce coffre a été recouvert d'un glacis violet foncé, puis travaillé avec un peigne gradué. Le résultat est proche d'un faux bois.

Les effets lissés et fouettés

Dérivés de la technique du faux bois, les lissés et les fouettés peuvent imiter la veinure de certaines essences si on les exécute dans des tons naturels appropriés. Mais lorsqu'on les utilise avec d'autres coloris, ils deviennent des procédés décoratifs à part entière, susceptibles de rehausser toutes sortes de supports, en plâtre ou en bois. Les lissés créent de minces stries régulières. Autrefois, on les utilisait souvent pour peindre la partie supérieure des murs, au-dessus de panneaux mouchetés ou marbrés. Avec leurs fines rayures délibérément fragmentées, les fouettés sont plus uniformes.

Placard de cuisine
Une association judicieuse de couleurs et de motifs a permis d'égayer ce placard de cuisine très simple. Après avoir été peints en bleu pâle, les panneaux des portes et le tiroir ont été recouverts d'un glacis vert, lissé dans le sens de la plus grande dimension. Après séchage, l'opération a été répétée, mais en lissant le deuxième glacis perpendiculairement au premier. Les montants ont été peints en bleu moyen avant d'être décorés avec un glacis lissé d'un bleu plus soutenu.

DÉTAIL D'UN EFFET LISSÉ

Avec leurs soies allongées et épaisses, les queues à lisser produisent des stries de longueurs différentes. Les modèles existent en plusieurs largeurs. Travaillez verticalement sur les murs, et dans le sens des veines sur le bois.

OUTILS ET MATÉRIEL

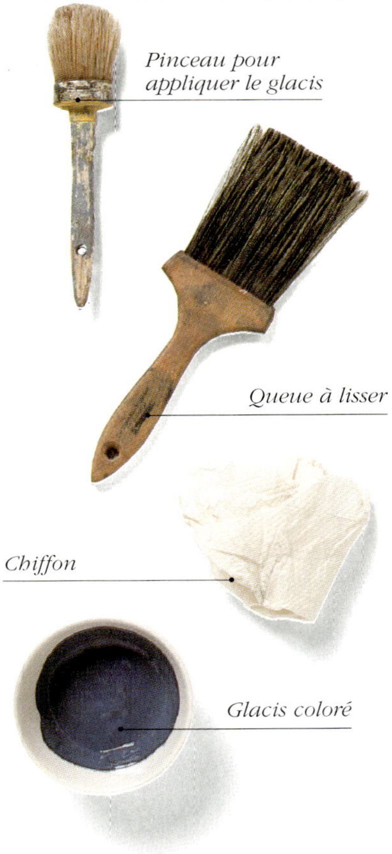

La technique de base : effet lissé

1 Appliquez le glacis par bandes verticales afin d'obtenir un fond régulier et uniforme.

2 Étalez bien le glacis et retirez l'excédent avec le pinceau pour créer une couche fine, sans surépaisseurs.

3 Tirez la queue à lisser sur le glacis, d'un seul mouvement, en la tenant presque parallèle au support, de façon à tracer une bande lisse et finement rayée. Laissez un bord mouillé sur lequel vous débuterez la bande suivante (voir page 17).

4 Pour adoucir l'effet, repassez la queue à lisser en la tenant à 90°, et légèrement en biais par rapport aux rayures.

5 Continuez à travailler en répétant les étapes 3 et 4, et en débutant chaque bande sur le bord mouillé de la précédente.

Peindre une porte

Réalisez chaque partie de la porte dans l'ordre numéroté ci-dessus, en travaillant toujours dans le sens des veines du bois.

1 Appliquez le glacis sur le montant central du haut, numéroté 1 ci-contre. (Les montants sont verticaux, les traverses sont horizontales.)

2 Étalez le glacis aussi régulièrement que possible afin d'obtenir un fond lisse et uniforme.

3 Lissez le glacis de haut en bas avec une queue à lisser, en débordant sur les traverses.

4 Répétez les étapes 1 à 3 sur le montant central du bas (numéroté 2).

5 Appliquez le glacis sur les traverses (numérotées 3, 4 et 5), puis lissez-le horizontalement, en travaillant au ras des extrémités des montants.

6 Pour finir, réalisez les deux montants latéraux (6 et 7), en travaillant de haut en bas, au ras des traverses.

Peindre au-dessous d'une cimaise

1 Appliquez le glacis sur le mur en laissant une marge sous la cimaise afin d'éviter les surépaisseurs à cet endroit. Lissez le glacis verticalement avec la queue à lisser.

2 Essuyez la queue à lisser avec du papier essuie-tout, placez-la sur le mur, juste sous la cimaise, puis appuyez légèrement sur l'extrémité de ses soies avec la main, afin de déposer suffisamment de glacis pour réussir le raccord.

Travailler au chiffon

1 Appliquez une couche de base sur le support, puis recouvrez-la d'un glacis d'une couleur contrastée.

2 Avec un chiffon roulé en boule, essuyez le glacis d'un seul geste, d'une extrémité à l'autre du support.

Table lissée au chiffon
CI-DESSUS *Cette variante de la technique du lissé crée des effets très doux. Pour obtenir un décor régulier, commencez en suivant l'un des bords du support, puis travaillez toujours dans la même direction.*

Travailler avec une queue à battre

Les queues à battre se manient de la même façon que celles à lisser, mais elle produisent des effets plus marqués qui, réalisés dans une teinte proche de celle du fond, sont parfaits pour décorer des meubles.

PIÈGES À ÉVITER

Pour créer un décor régulier, il est nécessaire d'exercer une pression suffisante sur la queue à lisser. De surcroît, il est préférable de travailler sans plier le bras afin de préserver la rectitude des stries. Procédez par touches relativement courtes de façon à conserver le bras tendu, en alignant mentalement le tracé de la queue à lisser sur l'un des bords du support.

Lissé réalisé trop légèrement

Lissé réalisé en pliant le bras

Commode

CI-DESSUS *La peinture vert émeraude de cette commode a été atténuée par un effet lissé, réalisé avec du glacis noir. L'association de ces deux teintes donne au meuble un aspect légèrement vieilli.*

HARMONIES DE COULEURS

Décor écossais

CI-DESSUS *Ce décor a été réalisé en appliquant des bandes de glacis ocre rouge et bleu sur un fond jaune, puis en les lissant.*

Mur lissé

À GAUCHE *On a appliqué et lissé un glacis ocre rouge sur un fond gris-vert. Ces deux teintes de même tonalité créent un décor subtil et discret.*

La technique de base : effet fouetté

DÉTAIL D'UN EFFET FOUETTÉ

Les queues à battre ont des soies plus longues que celles à lisser. Elles créent des stries très fines, fragmentées par une multitude de minuscules traits obliques. Elles donnent des décors aussi réguliers que les effets lissés, mais plus complexes. Travaillez verticalement sur les murs, et dans le sens des veines sur le bois.

OUTILS ET MATÉRIEL

1 Appliquez le glacis au pinceau, en l'étalant en une couche fine et régulière. Travaillez par bandes verticales afin de couvrir le support de façon uniforme.

2 Alors que le glacis est encore très humide, travaillez-le de haut en bas avec une queue à battre, afin de créer de fines rayures. Laissez un bord mouillé (voir page 17) pour débuter la bande suivante.

3 Essuyez la queue à battre avec un chiffon. En travaillant de bas en haut, frappez le glacis tous les 6 cm environ, en appliquant un petit coup sec avec les 5 à 8 derniers centimètres des soies.

Travailler avec des plumes

Sur un fond ocre jaune, on a appliqué une fine couche de glacis bleu, puis on l'a fouetté de bas en haut avec une poignée de plumes. Les plumes créent des motifs plus irréguliers que les queues à battre. Choisissez-les longues, solides et légèrement souples, comme celles du faisan ou du paon.

Tabouret avec effet fouetté

CI-DESSOUS *Sur un fond crème pâle, on a appliqué puis fouetté un glacis vert, assorti à la garniture du siège.*

Console sculptée

CI-DESSUS *Après avoir peint cette console d'inspiration gothique en crème foncé, on y a appliqué un glacis brun moyen, que l'on a fouetté à la queue à battre. Le résultat suggère le grain du bois sans vraiment chercher à l'imiter.*

HARMONIES DE COULEURS

Glacis noir sur fond rose foncé

Glacis gris sur fond gris-bleu

Glacis jaune clair sur fond bleu-vert

Glacis ocre rouge sur fond jaune pâle

La peinture à l'essuyé

Mur et cadre peints à l'essuyé
Après avoir été peint en jaune vif, ce mur a été travaillé à l'essuyé en ocre rouge. Le cadre a été décoré d'une façon identique, mais avec un glacis bleu-vert foncé, appliqué sur un fond turquoise.

Cette technique crée des effets vaporeux, doucement estompés. On l'exécute en tamponnant le glacis encore humide avec une étoffe fine et souple, comme le jersey de coton ou la toile à beurre. Il est très important de rouler le chiffon en une boule bien lisse et de rentrer ses extrémités à l'intérieur, car le moindre pli risque de laisser une trace. En s'imprimant délicatement dans la couleur, la trame du tissu produit des motifs légèrement irréguliers que vous pouvez souligner en insistant davantage sur certaines zones que sur d'autres. À condition d'être réalisée avec soin et régularité, cette finition possède autant d'élégance discrète qu'un moucheté.

OUTILS ET MATÉRIEL

Pinceau pour appliquer le glacis

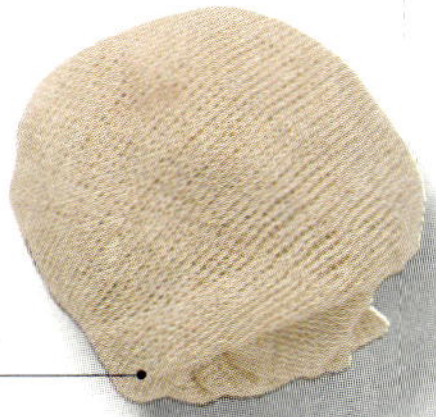

Jersey de coton ou toile à beurre, roulé en boule

Glacis coloré

La technique de base

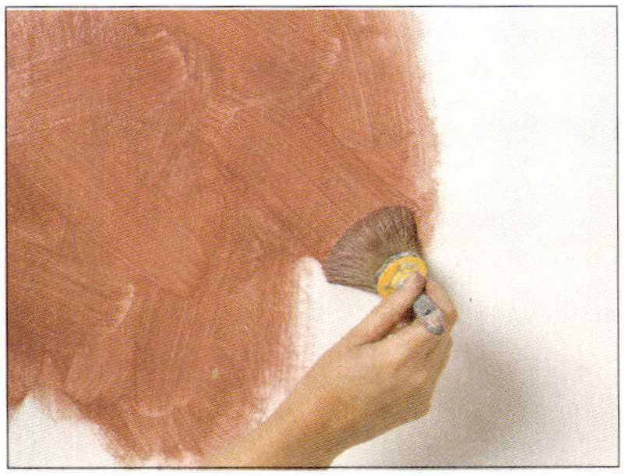

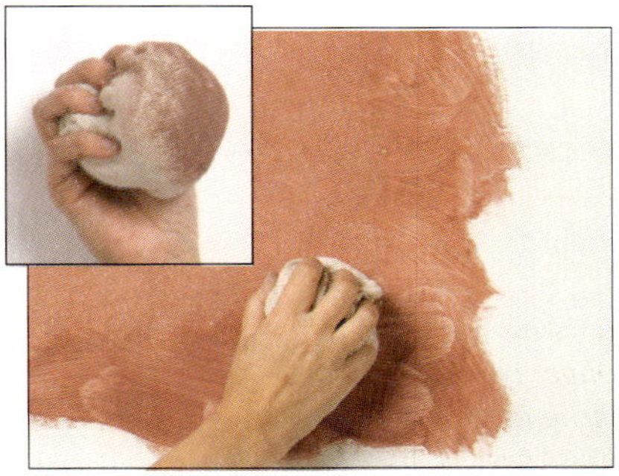

1 Appliquez de façon irrégulière une couche généreuse de glacis fortement coloré, car le travail à l'essuyé retire beaucoup de matière.

2 Roulez le jersey de coton ou la toile à beurre en une boule lisse, et tamponnez-en fermement une petite surface de glacis.

3 Appliquez le glacis sur la section suivante. Commencez sur le bord mouillé (voir page 17) en y étalant bien la couleur afin de ne pas créer de lignes de démarcation.

4 Répétez les étapes 2 et 3 de façon à décorer tout le support. Quand le chiffon est saturé de glacis, modifiez son enroulement afin de travailler avec un tissu propre.

Comment découper proprement un chiffon

1 Un tissu découpé avec une paire de ciseaux perd des petits bouts de fil qui peuvent se coller au glacis. Pour éviter cela, tirez un fil de trame.

2 Maintenez le fil et dégagez-le en fronçant le tissu sur toute sa largeur.

3 Une fois le fil entièrement tiré, le tissu se sépare en deux parties dont les bords ne s'effilochent pas.

La réalisation des angles

1 Appliquez le glacis sur les deux murs adjacents, en veillant à ne pas trop en poser dans l'angle.

2 Enroulez étroitement le chiffon de façon à pouvoir essuyer l'extrémité de chaque mur sans toucher à l'autre.

Accentuer l'effet pommelé

1 Avec un pinceau, appliquez le glacis en procédant par larges touches irrégulières.

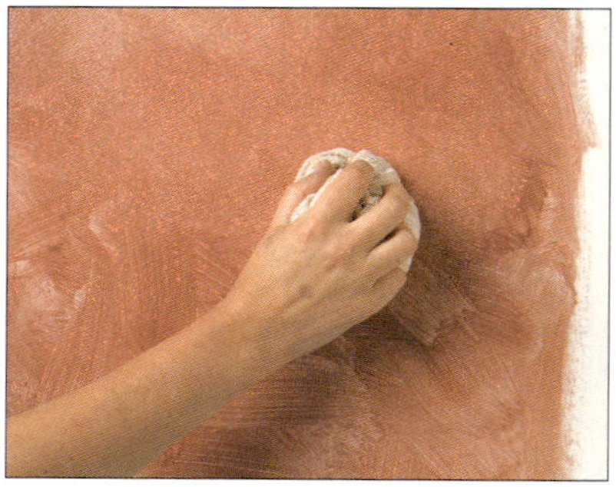

2 Tamponnez le glacis avec un chiffon en jersey de coton roulé en une boule bien lisse.

3 Modifiez l'enroulement du chiffon afin de travailler avec un tissu propre. Tamponnez de nouveau certaines zones du décor pour les rendre plus claires que les autres.

VARIANTES

Les étoffes à grosse trame créent des motifs plus marqués que le jersey de coton ou que la toile à beurre.

Si vous voulez réaliser un ciel ressemblant à celui présenté ci-dessous, recouvrez un fond blanc d'une couche irrégulière de glacis bleu, puis essuyez-le. Pour figurer les nuages, insistez sur certaines zones de façon à en retirer presque toute la couleur.

Travail avec un tissu à grosse trame

Effet de ciel

Cheminée décorée à l'essuyé
CI-DESSUS ET À DROITE Ce décor a été réalisé avec un glacis gris-brun sur un fond vert olive. On a utilisé un petit morceau de chiffon propre pour retirer l'excédent de glacis accumulé dans les moulures.

Cadre peint à l'essuyé
À GAUCHE Cette finition délicate reprend les teintes du tableau qu'elle encadre. Elle a été réalisée avec un glacis couleur moutarde foncée, appliqué sur un fond vert sombre et irrégulièrement essuyé.

HARMONIES DE COULEURS

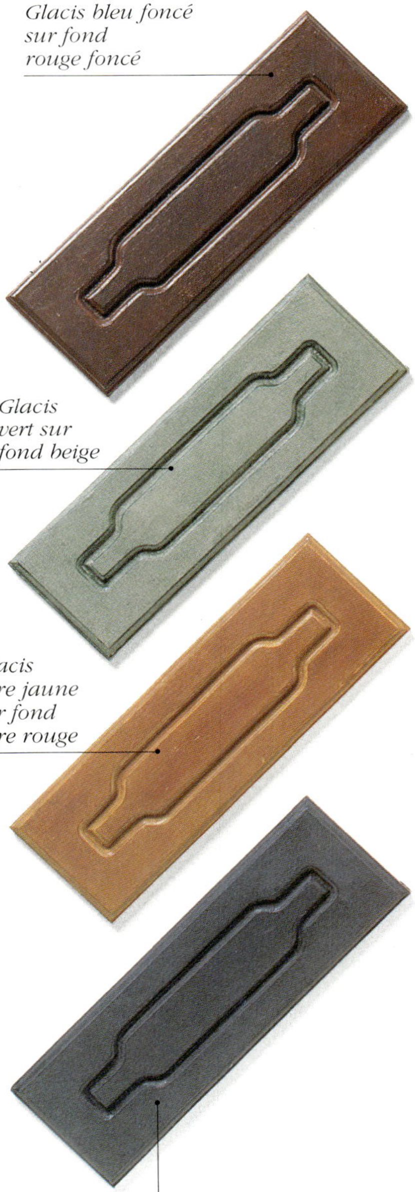

Glacis bleu foncé sur fond rouge foncé

Glacis vert sur fond beige

Glacis ocre jaune sur fond ocre rouge

Glacis beige sur fond bleu

PIÈGES À ÉVITER

Pour faire disparaître les traces de pinceau et obtenir un décor régulier, il suffit de tamponner le glacis sur toute la surface du support, en exerçant une pression constante.

Travail irrégulier

Les effets chiquetés

Commode mouchetée et chiquetée
Le plateau, les tiroirs et les côtés de cette commode ont été peints en bleu clair ; les montants ont été traités avec un bleu plus soutenu. L'ensemble a été recouvert d'un glacis bleu foncé que l'on a moucheté. Seuls les tiroirs ont été retravaillés au chiffon.

La subtilité de ces effets tient à la mise en œuvre successive de deux techniques : après avoir appliqué le glacis au pinceau, on le tapote fermement avec une brosse prévue à cet effet afin d'obtenir un fond régulier (voir pages 38 à 43) puis, alors qu'il est encore humide, on roule dessus un chiffon froissé. Les motifs légers et aléatoires imprimés au chiffon révèlent par endroits la couleur du fond. Associés à la délicatesse du moucheté, ils créent des décors très élégants, surtout si l'on choisit deux tonalités voisines. Pour décorer un mur, il est plus rapide et plus simple de travailler à deux : une personne applique et mouchette le glacis en procédant par bandes verticales allant du sol au plafond, tandis que l'autre retravaille le support au chiffon au fur et à mesure.

DÉTAIL D'UN EFFET CHIQUETÉ

Ce détail illustre bien la texture caractéristique d'un effet chiqueté. En supprimant le glacis par endroits, le chiffon imprime dans la couleur des motifs qui évoquent les plis d'une étoffe froissée.

La technique de base

1 Appliquez le glacis en l'étalant aussi régulièrement que possible. Tapotez-le fermement avec une brosse à moucheter (voir page 39). Travaillez par petites surfaces en laissant un bord mouillé (voir page 17).

OUTILS ET MATÉRIEL

2 Froissez un chiffon puis roulez-le grossièrement en boule.

3 En tenant le chiffon fermement mais sans trop le serrer, faites-le rouler sur le glacis de bas en haut, sans travailler sur le bord mouillé.

4 Vous pouvez estomper les lignes de démarcation entre les bandes retravaillées au chiffon en les tamponnant avec ce dernier.

La réalisation des angles

1 Faites rouler le chiffon sur chacun des murs, en travaillant aussi près de l'angle que possible, mais sans toucher le mur adjacent.

2 Tapotez l'angle avec un coin du chiffon ou avec un chiffon plus petit. Appuyez légèrement afin de ne pas retirer trop de glacis.

TRAVAILLER À LA PEAU DE CHAMOIS

Douce et absorbante, la peau de chamois produit des motifs plus marqués que le chiffon, avec un bel aspect velouté. Humidifiez-la si vous voulez créer des dessins très nets, ou travaillez à sec dans le cas où vous souhaitez obtenir un décor estompé.

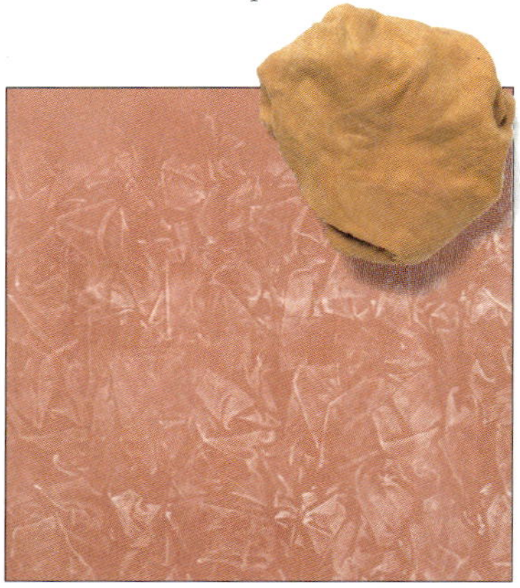

Travail avec une peau sèche

Travail avec une peau humide

Placard contemporain

CI-DESSUS Les effets chiquetés permettent également de créer des décors dynamiques. Les cinq couleurs vives de ce placard – orange, rouge, jaune, vert et bleu – ont été unifiées par un même glacis bleu clair, appliqué au pinceau puis chiqueté.

Corbeille à papier

À GAUCHE Pour rehausser la forme traditionnelle de cette corbeille, on l'a décorée de teintes profondes : une couche de base rouge sombre sur l'ensemble, et un glacis vert olive chiqueté sur les faces extérieures.

Mur chiqueté

À DROITE Ce mur vert foncé a été recouvert d'un glacis vert clair. Des bandes verticales ont ensuite été chiquetées, en ménageant entre elles des filets de la couleur du fond.

Boîte hexagonale

CI-DESSOUS Après avoir entièrement peint cette boîte en jaune, on a chiqueté un glacis brun chocolat sur la partie principale, et rouge écarlate sur le couvercle.

HARMONIES DE COULEURS

Glacis vert moyen sur fond ocre jaune

Glacis ocre jaune sur fond rouge foncé

Glacis bleu-vert sur fond vert clair

Glacis ocre rouge sur fond beige

PIÈGES À ÉVITER

Quand vous décorez un mur, il est plus facile de travailler par sections (voir page 17). Si le chiffon glisse et fait une trace, recouvrez-la d'un peu de glacis, mouchetez-la, puis tamponnez-la avec le chiffon.

La réussite d'un effet chiqueté dépend beaucoup du contraste entre les deux teintes utilisées. Ci-dessous, le glacis vert foncé tranche trop sur le fond blanc : un ton plus pâle de la même couleur aurait mieux convenu.

Traces de chiffon

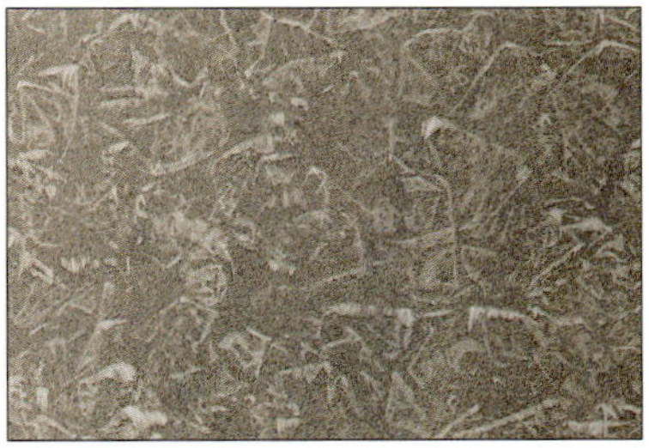

Couleurs trop contrastées

Les effets dépouillés

CETTE TECHNIQUE NE NÉCESSITE pas l'utilisation de glacis. Elle consiste à appliquer de la peinture acrylique sur un fond préalablement coloré et sec, puis à la recouvrir d'une feuille de papier qui crée des motifs irréguliers en absorbant la couleur par endroits. Si ce procédé doit beaucoup de son charme au fait qu'il repose en grande partie sur le hasard – l'application de chaque feuille de papier pouvant donner lieu à un effet différent –, il est cependant possible de le maîtriser : le choix des teintes, la capacité d'absorption de la couche de peinture et la durée de l'opération sont autant de facteurs susceptibles d'influencer le résultat.

Mur décoré en dépouillé
La technique du dépouillé crée des effets irréguliers. Sur ce mur – un décor bleu ardoise réalisé sur un fond vert olive brunâtre –, la couleur de base est plus visible dans certaines zones que dans d'autres.

DÉTAIL D'UN DÉPOUILLÉ

Les faisceaux de petites lignes créées par le grain du papier journal sont caractéristiques des effets dépouillés.

OUTILS ET MATÉRIEL

Pinceau pour appliquer le glacis

Glacis coloré

Journaux

La technique de base

1 Mélangez environ deux parts de peinture pour une part d'eau. Ces proportions peuvent varier selon la nature de la peinture et celle du support. Placez une feuille de papier journal sur ce dernier, puis tracez des repères pour indiquer la surface qu'elle couvre.

2 Appliquez une généreuse couche de peinture sur la surface comprise entre les repères, sans lui laisser le temps de sécher.

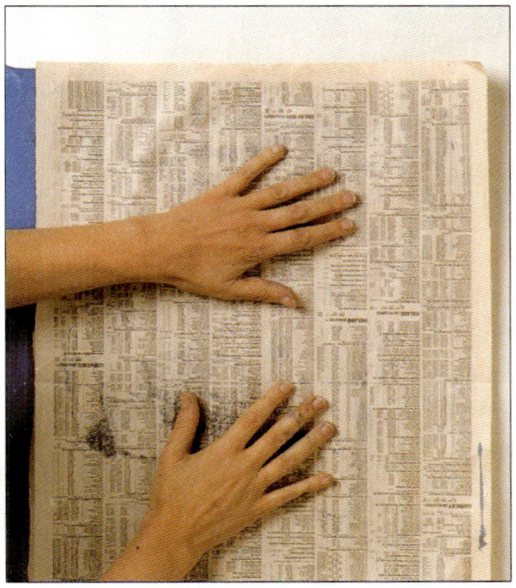

3 Étalez la feuille de papier journal sur la peinture humide. Lissez-la avec la paume des mains en exerçant une pression régulière afin de ne pas faire de marques.

4 En maintenant la feuille de papier d'une main, retirez-la de l'autre avec précaution.

Travailler par sections

1 Réalisez un premier dépouillé comme cela est expliqué aux étapes 1 à 4, page 67. Peignez la section suivante en commençant sur le bord de la précédente.

2 Étalez une feuille de papier journal propre sur cette deuxième section, puis retirez-la avec précaution.

3 Pour atténuer les lignes de démarcation entre les deux sections, procédez à une superposition (voir page ci-contre).

PIÈGES À ÉVITER

Il est préférable de travailler avec deux couleurs de tonalités voisines. En effet, si l'on utilise une peinture d'une teinte très différente de celle du fond, le résultat obtenu présente un contraste trop important (ci-dessous, à gauche).

Il est également important de veiller à la consistance de la peinture : trop diluée, elle coule et fait des taches (ci-dessous, au centre) ; trop épaisse, le papier l'absorbe difficilement et l'effet dépouillé manque de légèreté (ci-dessous, à droite).

Teintes trop contrastées

Peinture trop diluée

Peinture trop épaisse

Superpositions

La superposition de deux effets dépouillés permet de renforcer ou de modifier une teinte, mais aussi d'atténuer les traces laissées par la feuille de papier quand on travaille par sections. Ce procédé produit des décors aux textures trés élaborées, et offre une infinité de possibilités créatives.

1 Réalisez un effet dépouillé (voir page 67). Quand il est sec, recouvrez-le en partie de peinture diluée d'une couleur contrastante.

2 Déchirez des morceaux de papier journal aux formes irrégulières, et étalez-les sur la peinture encore humide.

3 Lissez le papier avec la paume des mains afin qu'il adhère régulièrement au support.

4 Retirez avec soin les morceaux de papier : les traces rectilignes laissées par la première application sont à présent dissimulées. Réalisée sur une grande surface, la technique du dépouillé rend inévitable la présence de lignes de démarcation. Il est cependant possible de les atténuer en leur superposant des formes plus irrégulières.

TRAVAILLER AVEC D'AUTRES MATÉRIAUX

Le papier de soie froissé donne des effets plus délicats que le papier journal, comme en atteste le décor bleu sur fond rouge ci-dessous. À droite, c'est un tissu fin en coton qui a permis de créer ces rayures brunes et vertes sur une couche de base orange clair.

Dépouillé réalisé avec du papier de soie froissé

Dépouillé en trois couleurs, réalisé avec du tissu

Superposition d'effets dépouillés

CI-DESSUS *Sur un fond gris-brun, on a réalisé un effet dépouillé brun rougeâtre. Pour atténuer le décor, on a superposé un deuxième dépouillé, exécuté cette fois avec de la peinture ocre jaune.*

Vide-poches

CI-DESSUS *Des tons ocres – jaune pour le fond et rouge pour l'effet dépouillé – s'harmonisent parfaitement sur ce vide-poches, dont les compartiments ont été décorés avec des petits morceaux de papier journal.*

Secrétaire vieilli

À GAUCHE ET CI-DESSOUS *Sur un fond rouge foncé, on a réalisé un effet dépouillé d'un vert profond. Ces couleurs sombres conviennent bien à la forme classique du secrétaire, et lui donnent un aspect vieilli.*

Chaise décorée d'un effet dépouillé

À GAUCHE ET CI-DESSUS *Après avoir été peinte en orange vif, cette chaise a été décorée avec un effet dépouillé, réalisé dans un ton plus froid de bleu. Le contraste puissant entre ces deux teintes crée un décor dynamique et contemporain, qui illustre bien tout le potentiel de cette technique.*

HARMONIES DE COULEURS

Bleu foncé sur fond rouge vif

Écru sur fond bleu clair

Vert foncé sur fond turquoise

Rouge foncé sur fond bleu-vert

Les faux bois

Moins difficile qu'il n'y paraît, la réalisation de faux bois peints est un art ancien, dont la pratique n'a pas évolué au cours des siècles. Les imitations d'acajou, de chêne et d'érable présentées dans ce chapitre illustrent les techniques de base et expliquent le maniement des principaux outils. Une fois ces principes maîtrisés, vous pouvez les adapter afin de reproduire n'importe quelle autre essence. Le choix des teintes joue un rôle important ; l'étude attentive d'un échantillon de bois véritable facilite grandement l'exécution d'une copie convaincante, ainsi que l'utilisation d'outils appropriés. Cependant, si vous ne souhaitez pas acquérir tout de suite trop de matériel, procurez-vous uniquement ce qui est nécessaire à l'imitation choisie.

Chaise et plinthe décorées en faux bois
Pour réaliser cette imitation d'érable, on a posé un glacis couleur ambre chaud sur un fond ocre jaune. Le détail montre que le glacis plus sombre, appliqué sur les montants du dossier, produit une veinure plus marquée.

OUTILS ET MATÉRIEL

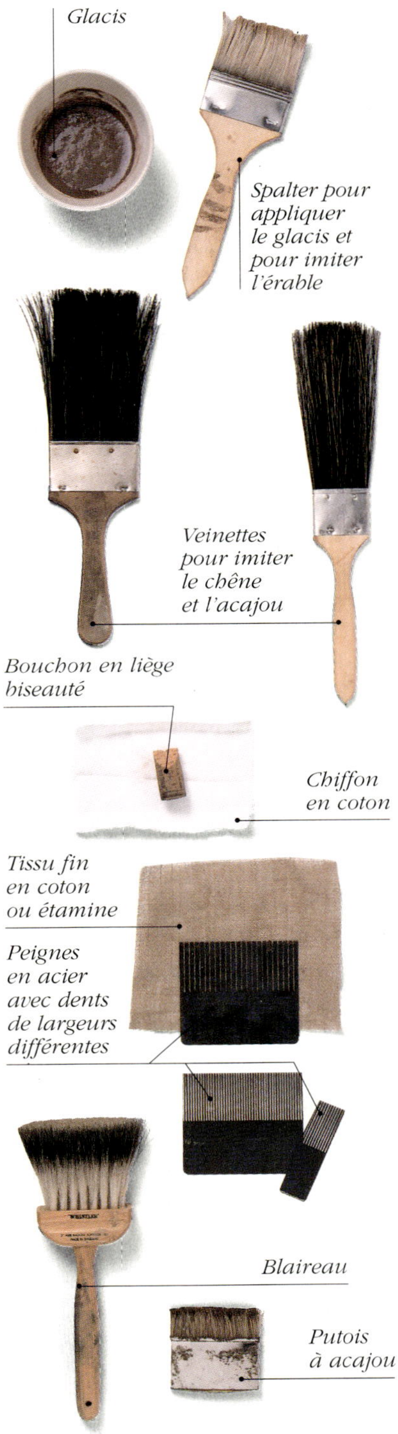

Imitation acajou

Cet effet est particulièrement bien adapté aux surfaces suffisamment importantes pour mettre en valeur les flammes, ces veines courbes caractéristiques de l'acajou.

Ci-dessous, afin d'imiter un acajou d'un rouge chaud et profond, on applique un glacis brun chocolat sur un fond peint en rose rougeâtre.

1 Appliquez le glacis avec un spalter large, verticalement, en l'étalant bien : la couche de base doit être visible. Frappez le glacis tous les 2,5 cm à l'aide d'une veinette sèche, en travaillant de bas en haut.

2 Essuyez le spalter puis, en le tenant en biais, tracez des demi-arches juxtaposées et ondulées. Variez irrégulièrement la pression exercée afin d'obtenir des veines plus ou moins sombres.

3 Réalisez quelques veines en tenant le spalter perpendiculairement au support.

4 Fragmentez certaines veines en les retravaillant avec un putois à acajou. Variez de nouveau la pression, mais toujours en suivant le tracé de la demi-arche.

Imitation chêne

Cette imitation est facile à réaliser sur une surface plane ou légèrement arrondie. Pour être bien mise en valeur, elle exige un support relativement grand, comme une porte. Les gris et les blancs cassés créent des décors délicats, alors que les bruns sombres campent des atmosphères plus chaleureuses. Le ton moyen de l'exemple ci-dessous a été réalisé avec un glacis terre d'ombre brûlée posé sur du crème.

1 Appliquez le glacis avec un spalter large. Travaillez par bandes verticales d'environ 45 cm de largeur sur 1 à 2 mètres de hauteur, selon la grandeur du support, comme s'il s'agissait de véritables planches.

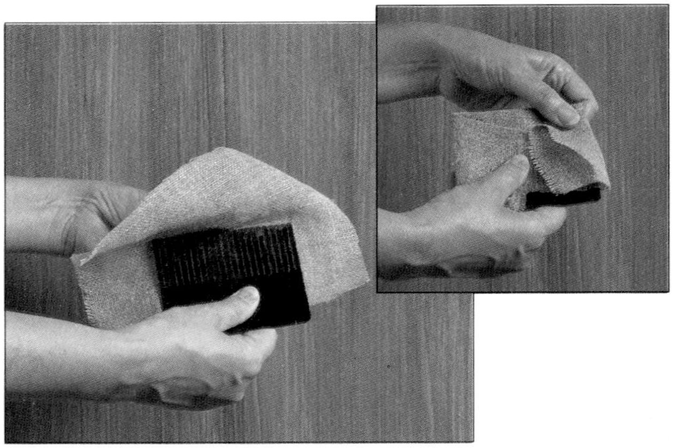

2 Enroulez un morceau de tissu en coton fin ou d'étamine autour d'un peigne en acier à larges dents. Repliez soigneusement les extrémités de l'étoffe afin que l'ensemble soit facile à manipuler.

3 Tirez le peigne sur le glacis, de haut en bas, en le faisant légèrement pivoter de droite à gauche et de gauche à droite pour tracer des veines ondulées.

4 Afin de fragmenter certaines veines pour leur donner un aspect naturel, retravaillez-les avec un peigne en acier à dents fines.

Travailler avec un bouchon en liège

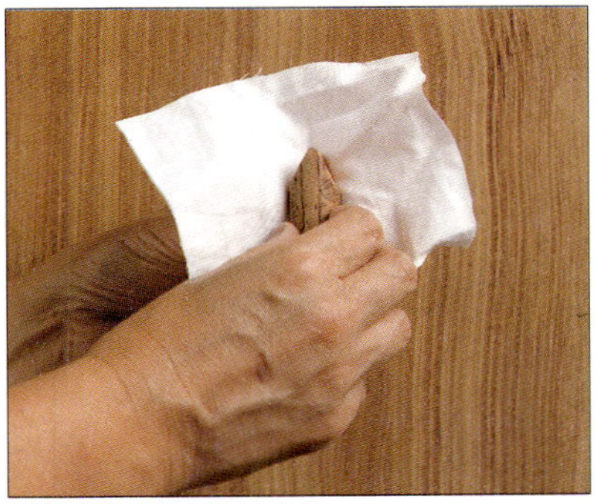

1 Pour imiter les petites marques sinueuses du chêne, biseautez un bouchon en liège, puis enveloppez-le dans un chiffon.

2 Dessinez des petites courbes sur le glacis encore humide. Variez la pression exercée sur le bouchon afin de leur donner un aspect naturel. En étudiant du chêne véritable, vous pourrez voir que ces marques n'apparaissent qu'à certains endroits, et qu'elles sont souvent groupées.

Imitation érable

La délicatesse de cette imitation convient très bien aux objets de petites dimensions. Ci-dessous, un brun chaud et clair est appliqué sur une couche de base couleur miel. Pour créer un décor plus profond, choisissez un fond ocre jaune, ou bien un fond rosé et un glacis chocolat. Cette technique peut être adaptée pour reproduire la veinure du citronnier ou celle du bois de rose.

1 Appliquez le glacis avec un spalter large, en travaillant toujours dans le même sens. Étalez-le bien afin que la couleur de base soit visible.

2 Retravaillez le glacis encore humide de la façon suivante : tirez un putois à acajou de haut en bas, en exerçant alternativement d'un côté et de l'autre une pression légèrement plus forte.

3 Si vous souhaitez estomper certaines zones que vous jugez trop sombres, brossez-les avec un blaireau avant que le glacis ne soit entièrement sec.

Exemples de teintes

*À DROITE Faux chêne gris, réalisé avec un glacis un peu plus foncé que la couche de base.
CI-DESSOUS Imitation d'érable madré créée avec deux bruns chauds presque identiques.
EN BAS, À DROITE Fausses planches de noyer travaillées en brun froid sur un fond ocre jaune teinté de vert.*

Imitation chêne (ci-dessus)

Imitation érable (ci-dessus)

Imitation noyer (à droite)

Étagères

CI-DESSUS Afin de mettre en valeur l'allure rustique de ces étagères en planches, on les a décorées d'un faux bois avec des couleurs délibérément contrastées : un rose tirant sur le rouge pour le fond, et un brun teinté d'une pointe de bleu pour le glacis.

Plateau de table

CI-DESSUS On a décoré ce plateau de différents faux bois. Certaines parties imitent l'érable ; d'autres ont été travaillées avec un glacis plus clair, puis estompées au blaireau, afin de rappeler le citronnier. L'ensemble suggère un travail de marqueterie.

Malette en bois

CI-DESSOUS Le panneau principal a été orné d'une imitation de ronce de noyer, avec un glacis brun posé sur un fond orangé. Le motif appliqué au pochoir a été recouvert de glacis puis estompé au blaireau afin de simuler du citronnier. Sur le reste de la malette, on a adapté la technique du faux acajou pour reproduire la veinure du bois de rose.

Seau à charbon

CI-DESSUS Une peinture imitant le chêne donne une nouvelle jeunesse à ce vieux seau à charbon. Ce procédé décoratif était très courant à l'époque victorienne, car si les ustensiles en métal commençaient alors à supplanter ceux en bois, on préférait quand même leur donner un aspect plus familier.

PIÈGES À ÉVITER

La réussite d'un faux bois dépend du choix des teintes et de la transparence du glacis. Si celui-ci contient une quantité excessive de couleur, il masque le fond et rend le décor trop opaque (en bas, à gauche). Un contraste exagéré entre la couleur du fond et celle du glacis manque de finesse et de naturel (ci-dessous, au centre). Quel que soit l'outil utilisé, ne travaillez pas le glacis de façon trop régulière afin que votre imitation soit vraissemblable (ci-dessous, à droite).

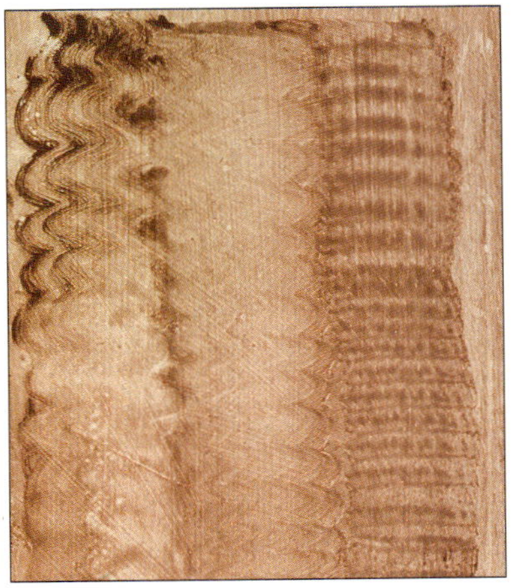

Glacis trop opaque

Teintes trop contrastées

Glacis travaillé trop régulièrement

Les veinures fantaisie

Mur peint d'un faux bois fantaisie
Ce décor contemporain met en scène deux couleurs primaires, le rouge et le bleu. Le faux chêne fantaisie des murs a été réalisé avec du glacis gris-bleu et un berceau.

La technique du faux bois permet de reproduire très fidèlement les caractéristiques d'une essence. Plus faciles et plus rapides à réaliser, les veinures décoratives que l'on réalise avec des berceaux en caoutchouc évoquent le chêne ou le pin, mais sans chercher à les reproduire exactement. Elles laissent davantage libre cours à l'imagination, y compris dans le choix des teintes, et autorisent des décors plus audacieux. La même technique permet d'imiter la texture de certaines étoffes, comme la soie moirée. N'hésitez pas à procéder à des essais en superposant motifs et couleurs.

OUTILS ET MATÉRIEL

La technique de base

1 Appliquez le glacis verticalement en l'étirant bien. Essuyez-le avec un chiffon doux pour n'en conserver qu'une couche très fine.

2 Placez la partie supérieure du berceau sur le glacis, et faites-le basculer vers le bas, sur la moitié de sa hauteur : vous obtenez des veines qui évoquent celles du chêne.

3 Continuez à tirer le berceau vers le bas en le faisant basculer très légèrement par moments. Vous pouvez le tenir à deux mains afin d'exercer une pression plus ferme sur le support.

4 Essuyez le glacis accumulé dans les stries du berceau à l'aide d'un chiffon doux. Si vous voulez imiter les nœuds caractéristiques du pin, faites basculer le berceau sur toute sa hauteur, alternativement de haut en bas et de bas en haut.

Adoucir un motif

Si vous souhaitez que votre décor évoque davantage une étoffe que du bois, ou si vous voulez simplement en atténuer les motifs, estompez-le avec un blaireau, avec une queue à lisser ou avec une queue à battre. C'est ce dernier outil qui est utilisé ci-dessous afin d'imiter la texture de la soie moirée. Choisissez un glacis d'une teinte très voisine de celle du fond.

Réalisez les veinures sur une fine couche de glacis (voir page 79). Alors que le décor est encore humide, estompez-le en le retravaillant verticalement à la queue à battre.

Pour atténuer davantage les motifs et imiter encore plus la texture d'une étoffe, vous pouvez brosser le glacis plusieurs fois, verticalement et horizontalement.

Variantes

De nombreux modèles de berceaux permettent d'imiter la veinure du chêne et celle du pin, selon le sens dans lequel on place leurs courbes, et la longueur sur laquelle on les fait basculer.

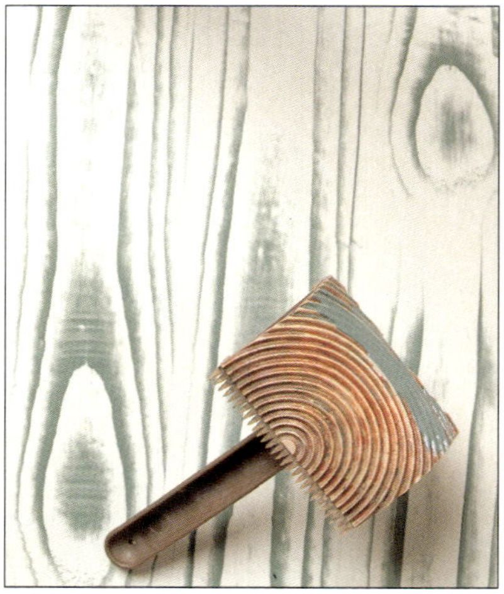

Imitation chêne

Imitation pin

Meuble de chevet

À GAUCHE Après avoir été peint en bleu foncé, ce petit meuble a été recouvert d'un glacis blanc teinté de gris, puis décoré au berceau de façon très libre.

Cadre

CI-DESSUS Le berceau utilisé étant plus large que le cadre, seule la partie centrale a imprimé la couleur. Les teintes – glacis vert sur fond brun rougeâtre – s'éloignent délibérément de celles d'un bois véritable.

HARMONIES DE COULEURS

Glacis brun sur fond beige

Glacis bleu clair sur fond bleu foncé

Glacis vert sur fond jaune clair

Glacis rose foncé sur fond rose vif

PIÈGES À ÉVITER

Réalisées sur un glacis trop épais ou trop humide, les veinures sont empâtées. C'est le cas du décor ci-dessous qui, de surcroît, présente une régularité et un contraste exagérés : l'ensemble manque de naturel. Ne faites pas basculer le berceau trop souvent, car cela fragmente les veines de façon disgracieuse.

Veinure empâtée

Veinure fragmentée

Les faux marbres

Coffre marbré
Les panneaux de ce coffre ont été recouverts de glacis, dans des tons chauds et naturels de terre de Sienne et de terre d'ombre. Ils ont ensuite été travaillés à l'éponge, essuyés au chiffon, puis veinés. Les montants ont été peints en bleu-vert foncé.

Il est important d'étudier des échantillons de marbre véritable si l'on veut réussir une imitation convaincante. Ce matériau présentant toutefois une grande diversité de couleurs et de motifs, sa reproduction offre une certaine liberté créative. La première étape consiste à élaborer un subtil dégradé de teintes douces pour le fond. La texture de la roche est ensuite précisée à l'aide d'un ou de plusieurs procédés : effet moucheté, travail à l'éponge, veines dessinées au pinceau ou avec une plume naturelle... Traditionnellement, les faux marbres servent à décorer des éléments architecturaux – murs, sols et colonnes –, mais on peut les appliquer avec succès à des objets plus petits, comme des pieds de lampe, des coffres ou des cadres. Afin de protéger vos travaux et de leur donner le lustre du vrai marbre, recouvrez-les d'une couche de vernis brillant ou satiné (voir pages 18-19).

OUTILS ET MATÉRIEL

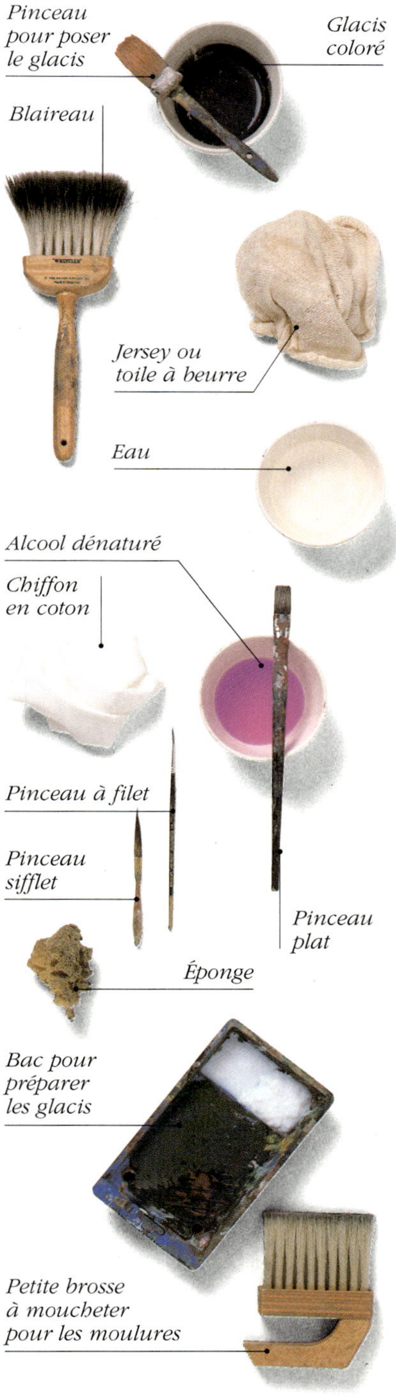

La technique de base

1 Colorez le glacis sans le rendre opaque. Préparez-le par petites quantités afin d'obtenir une teinte différente à chaque fois. Appliquez-le en diagonale, en variant l'orientation et l'épaisseur des coups de pinceau.

2 Ajoutez de la peinture dans le glacis pour poser quelques touches plus soutenues. Le fond doit présenter des zones claires, des zones sombres et des tonalités intermédiaires.

3 Avec un tampon lisse de jersey de coton ou de toile à beurre, tamponnez les zones claires pour les estomper et effacer les traces.

4 Effectuez la même opération sur les zones sombres. Le fait de procéder séparément délimite mieux les tonalités et donne du contraste.

5 Pour effacer les traces de chiffon, brossez le glacis encore humide avec un blaireau. Tenez ce dernier perpendiculairement au support, et effectuez des petits mouvements de balayage avec le bras et non avec le poignet. Si vous le souhaitez, vous pouvez à présent veiner ou moucheter votre faux marbre (voir pages 84 à 86).

Veiner un faux marbre

Sans être indispensables, les veines ajoutent beaucoup de vie et de réalisme à un faux marbre. La réussite de leur réalisation dépend du respect de quelques règles simples. Travaillez toujours en suivant les aplats de couleurs du fond, et dans des teintes à peine plus sombres. N'utilisez pas de glacis, mais de la peinture légèrement diluée. Selon l'effet recherché, vous pouvez utiliser de nombreux outils, du pinceau fin de qualité supérieure à la plume d'oie, en passant par les pinceaux à filet ou encore les pinceaux sifflets, qui permettent de rattraper un tracé trop épais.

Travailler au pinceau fin

1 Utilisez un pinceau fin de qualité supérieure pour souligner les zones sombres du fond ou pour tracer des veines de différentes épaisseurs. Manipulez-le avec légèreté afin d'obtenir des tracés souples et naturels.

2 Estompez par endroits les veines avec un blaireau, en travaillant comme cela est expliqué à l'étape 5, page 83, afin de ne pas rayer la couleur.

3 Pour éclaircir les zones trop sombres, repassez-les avec un pinceau sifflet trempé dans de l'eau : cette opération – qui ne peut être réalisée que si la peinture est encore humide – révèle la couleur de base et fragmente les veines. Estompez le décor en le tamponnant délicatement avec un chiffon doux.

Travailler au pinceau à filet

1 Tracez la veine en épaississant le trait à mesure que vous progressez vers le bas.

2 Pour changer de direction, arrêtez le tracé, faites pivoter le pinceau sur le côté, puis continuez à tracer la veine.

3 Vous pouvez enrichir et modifier le dessin des veines en repasssant avec un pinceau sifflet qui, lors des changements de direction, se manipule comme à l'étape 2.

Travailler avec des plumes

N'importe quelle plume suffisamment longue et solide – comme celles d'oie, de canard ou de paon – peut être utilisée pour veiner du faux marbre. Pour tracer une veine descendant de gauche à droite, choisissez une plume dont les barbes les plus longues sont situées à droite, et vice versa. Trempez le bec de la plume dans la peinture, tapotez-le sur le support, puis tracez la veine. Les plumes étant souvent incurvées, ce procédé peut sembler malaisé au début, mais il produit des effets très réalistes.

PIÈGES À ÉVITER

Pour ne pas rayer le glacis lorsque vous l'estompez, travaillez avec la pointe du blaireau et non pas avec sa tranche.

Les veines peuvent paraître artificielles pour plusieurs raisons. Dans l'exemple ci-dessous, leur teinte tranche trop sur celle du fond, et leur tracé ne correspond pas aux zones plus ou moins claires. Leur placement, la régularité de leur espacement et de leur épaisseur, ainsi que les sinuosités de l'une d'elles, manquent de naturel. Les veines doivent zébrer le décor d'un bord à l'autre, ou bien s'estomper progressivement. Si elles peuvent donner naissance à des ramifications, elles ne doivent jamais s'entrecroiser de façon brutale.

Faux marbre rayé

Veines d'aspect artificiel

Réaliser un marbre moucheté

Il existe dans la nature des marbres mouchetés, comportant peu de veines, voire pas du tout. L'imitation de ces matériaux convient très bien à des objets de petites dimensions qui, par nature, requièrent des décors aux effets denses et concentrés. La technique du marbre moucheté peut être exécutée sur des supports horizontaux ou verticaux, seule ou pour enrichir d'autres procédés.

1 Travaillez sur un glacis encore humide. Humidifiez un pinceau plat et raide puis, avec le doigt, projetez des gouttelettes d'eau sur tout le décor.

2 Travaillez immédiatement le glacis avec un blaireau afin de mettre les petites taches d'eau en évidence. Procédez délicatement.

3 Si vous voulez enrichir le décor, renouvelez l'opération sur certaines zones en projetant de la peinture diluée : vous obtenez des petites taches de teintes et de dimensions variées.

Peindre une corniche

1 Appliquez sur la corniche une fine couche de glacis très peu coloré, en veillant à ce qu'elle ne s'accumule pas dans les creux. Peignez des veines obliques d'épaisseur variable, en travaillant légèrement, sans surépaisseurs.

2 Avec une brosse à moucheter, tapotez la corniche dans le sens des veines afin d'estomper le décor. Essuyez régulièrement la brosse afin de la débarrasser de l'excédent de glacis.

Imiter des plaques de marbre

1 Le marbre véritable se pose par plaques. Avec un crayon tendre, tracez des repères sur le mur afin de le diviser en sections égales.

2 Marbrez un premier panneau. Avec un chiffon, essuyez la couleur qui a débordé au-delà des repères.

3 Marbrez chaque panneau de la même manière, en laissant chacun d'eux sécher au moins une nuit avant de réaliser le suivant.

4 Dès que vous avez terminé un panneau, veillez à essuyer immédiatement le glacis et la peinture qui débordent des repères. Une fois le décor terminé, vous pouvez souligner ces derniers d'un trait de crayon plus sombre.

5 Si le décor ne vous paraît pas assez homogène, ajoutez des veines ou bien assombrissez-en certaines afin d'harmonier l'ensemble des panneaux.

Réaliser un marbre chiqueté

Rapide à exécuter et très spectaculaire, cette technique se pratique sur des supports horizontaux, comme des sols ou des plateaux de table. L'exemple ci-dessous met en scène des coloris vifs et puissants, mais des mariages subtils de teintes sombres et assourdies – voire l'association de plusieurs tonalités d'une même couleur – donnent également d'excellents résultats.

1 Sur certaines zones du support, appliquez un glacis d'une première teinte, et étalez-le bien.

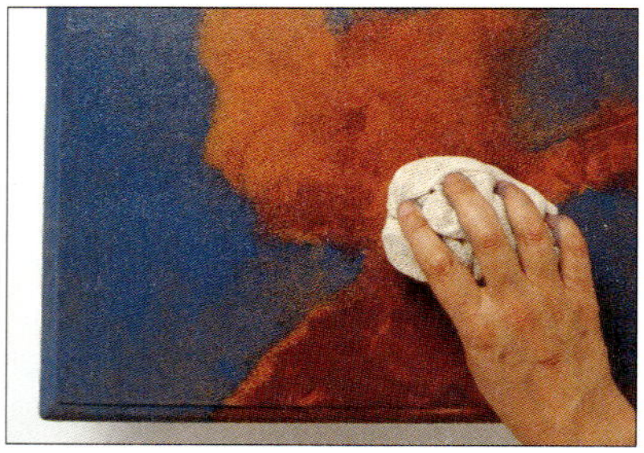

2 Couvrez la surface encore vierge avec un glacis d'une deuxième couleur. Estompez le décor en le tapotant avec de la toile à beurre ou du jersey de coton, enroulé en un tampon bien lisse.

3 Lissez délicatement l'ensemble en le retravaillant avec la pointe d'un blaireau.

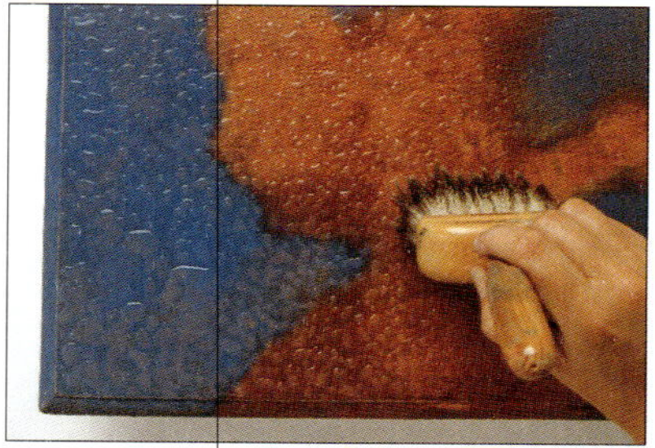

4 Trempez le blaireau dans de l'eau, puis travaillez de nouveau le décor afin de le tacheter.

5 Répétez l'étape 4 après avoir, cette fois, trempé le blaireau dans de l'alcool dénaturé. L'association de ce dernier produit avec le glacis et l'eau crée une grande diversité de taches et de marbrures. Laissez sécher le décor sans plus intervenir.

Cadre en faux marbre chiqueté

À GAUCHE Ce cadre a été réalisé en retravaillant successivement le glacis du fond avec de la peinture, de l'eau et de l'alcool dénaturé. Pour finir, on a peint des veines blanches d'un bord à l'autre du cadre, comme s'il avait été découpé dans une plaque de marbre.

Faux marbre chiqueté

À DROITE Sur une couche de base peinte en blanc, on a réalisé un faux marbre chiqueté avec des glacis bleu et ocre rouge.

Moulures en faux marbre

À DROITE ET CI-DESSOUS Après avoir été peintes en noir, ces moulures en plâtre ont été recouvertes de glacis dans différents tons de verts, puis travaillées avec la technique du faux marbre chiqueté.

Travailler à l'éponge

Bien adaptée aux petites surfaces, cette technique consiste à tamponner le fond avec une éponge humide, afin de créer successivement des taches claires puis sombres. Pour obtenir l'effet voulu, procédez à des essais en insistant davantage sur l'une ou l'autre des étapes. Les éponges naturelles à grands trous donnent de meilleurs résultats que les modèles synthétiques.

1 Appliquez le glacis en variant les tonalités. Alors qu'il est encore humide, tamponnez les zones claires avec une éponge.

2 Préparez une peinture très diluée, dans une teinte un peu plus sombre que celle du fond. Trempez une éponge propre dedans, essorez-la sur les bords du bac, puis utilisez-la pour tapoter les zones sombres du faux marbre. Commencez à travailler légèrement, puis insistez sur les endroits que vous voulez assombrir.

Bougeoir

À DROITE *Cette imitation de granit a été réalisée à l'éponge, avec des glacis gris clair et noir, posés sur un fond blanc cassé.*

Mallette marbrée

CI-DESSUS ET À DROITE *Le décor noir et terre de Sienne imite les marbres très contrastés de Porto d'Oro, et le panneau blanc, légèrement veiné de gris, ceux de Carrare. Le cadre qui semble être en relief est un trompe-l'œil, réalisé grâce à un effet moucheté.*

Porte marbrée

À GAUCHE Ces faux marbres chauds et légers ont été créés avec des glacis ombre naturelle, terre de Sienne naturelle et blanc, posés sur un fond blanc. Le panneau central a été moucheté, alors que les montants ont été travaillés à l'éponge.

Miroir en faux marbre gris froid

CI-DESSUS Sur un fond blanc, on a réalisé un faux marbre moucheté avec différentes teintes à base de bleu outremer, de terre d'ombre naturelle et de blanc.

Bougeoir peint en faux marbre moucheté

À GAUCHE Ce bougeoir en bois a d'abord été entièrement peint dans un ton de brun clair et froid. On l'a ensuite décoré d'un faux marbre moucheté, avec différentes teintes composées d'ombre naturelle et de blanc. Une fois sec, on a répété l'opération sur certaines zones, en utilisant cette fois de la peinture terre de Sienne brûlée.

HARMONIES DE COULEURS

Bleu-vert sombre, veiné de blanc, sur fond gris

Beige veiné de brun froid et sombre sur fond gris

Veines noires sur glacis transparent

Gris et blanc sur fond noir

Associer plusieurs techniques

Le mariage de plusieurs effets décoratifs donne du caractère à un décor. Par exemple, il suffit d'une cimaise marbrée ou mouchetée pour animer un mur badigeonné ou peint à l'essuyé. Les associations de techniques permettent également de mettre en valeur les différents éléments d'un meuble.

Afin que les effets choisis conservent leur impact, évitez d'en juxtaposer plus de deux, à l'exception des surfaces importantes – murs ou meubles de grandes dimensions – qui peuvent en supporter trois.

Effet lissé, badigeon et peinture au peigne

Après avoir peint l'ensemble en blanc cassé, on a réalisé un effet lissé bleu sur la cimaise, un badigeon de la même teinte sur la partie supérieure du mur, et un décor au peigne en ocre rouge sur la partie basse.

Les badigeons (pages 30 à 37)

Effets lissés (pages 50 à 55)

La peinture au peigne (pages 44 à 49)

La peinture au peigne (pages 44 à 49)

La peinture à l'éponge (pages 26 à 29)

Peinture au peigne et à l'éponge

Cette commode a été peinte en rouge avant d'être recouverte d'un glacis vert olive. Le plateau et les tiroirs ont ensuite été décorés au peigne, puis les motifs d'arbres ont été peints à l'éponge, avec deux tons de vert et un peu d'ocre jaune.

Bougeoir marbré, avec effet lissé

On a appliqué un glacis blanc sur un fond blanc cassé, puis on l'a marbré avec différents tons de noirs et d'ocre. Un effet lissé gris foncé a été réalisé sur la base.

Les faux marbres (pages 82 à 91)

Effets lissés (pages 50 à 55)

Effet dépouillé et peinture à l'éponge

Après avoir été peint en gris clair, ce placard a été décoré à l'éponge avec du rouge, du bleu et du vert foncés, puis un effet dépouillé rose vif a été réalisé sur les panneaux.

Effets dépouillés (pages 66 à 71)

La peinture à l'éponge (pages 26 à 29)

AUX ÉDITIONS FLEURUS

Atelier *(pour les 6-12 ans)*

1. Je dessine
2. Je peins
3. J'imprime
4. Je fabrique des cadeaux
5. Je photographie, du pocket au reflex
6. Je filme en vidéo
7. Je me déguise en trois coups de ciseaux
8. Je sculpte de drôles de trucs !

Atelier-major *(dès 12 ans)*

1. Dessiner et peindre les animaux
2. Dessiner et peindre les personnages
3. Créer des objets en papier mâché
4. Dessiner et peindre les paysages

Déco-pochoirs pour toute la maison

1. Les violettes
2. Les baies sauvages
3. Cachemire
4. Les feuillages
5. Les pâquerettes
6. La campagne
7. Écossais
8. Dentelles

Savoir créer

Artisanat contemporain

78. Décoration de la céramique
79. Papier mâché
80. Paniers et corbeilles
81. Papier création
83. Mobilier peint
85. Mosaïques d'aujourd'hui
101. Laque et dorure

Artisanat d'art

70. L'art de la peinture sur bois
84. L'art de la pâte à sel
93. Santons en pâte à sel, tradition, création
96. Encadrement-passion : 35 modèles d'encadrements fantaisie
100. Meubles peints pour chambre d'enfant
106. Patchwork d'hier et d'aujourd'hui
112. Pochoirs pour la maison
114. Décoration sur porcelaine : peinture, or, reliefs, lustres

Série cartonnée

20. Peinture paysanne pour tous
51. Peinture sur porcelaine : techniques pour tous
64. Le plaisir d'encadrer comme un professionnel
66. La reliure comme un professionnel
67. Imitation laque : découpage, collage, vernissage
73. La peinture décorative : trompe-l'œil, imitation marbre, bois et autres effets
74. Histoires et secrets de la pâte à sel
77. Introduction à l'encadrement
82. La marqueterie comme un professionnel
86. Meubles et cadres en bois peint
87. La fresque
90. Marionnettes : atelier et création
91. L'art et la manière de fabriquer son papier
92. Patchwork, modèles pour tous
94. Le vitrail : techniques et création
97. Le tournage sur bois
99. Arts populaires : 35 réalisations étape par étape
103. L'art et la manière d'encadrer
104. Meubles en peinture paysanne
105. La restauration des sièges
110. Le grand livre des abat-jour
111. Bougies et bougeoirs
117. Broderie sur canevas
120. Motifs champêtres sur bois, tôle, émail, terre
124. Encadrements d'artistes
131. Peinture sur verre
132. Peinture sur porcelaine
135. L'art de peindre la porcelaine
136. Encadrez vos photos
138. Effets décoratifs sur bois
139. Pochoirs et tampons décoratifs
140. La dorure
141. Peintures à effets décoratifs

Série brochée

11. Le bois peint
48. Peinture sous verre
58. L'art de recevoir comme au Moyen Âge
72. L'encyclopédie des origami
75. Pliages de serviettes pour tables de fête
88. Pliages de fête
89. Masques
95. Le patchwork, atelier et création
107. Coquillages, sable et galets
108. Pliages : bateaux et avions
109. Cadeaux nature et décors de fête
113. Peinture sur soie : atelier et création
115. Patchwork, jeux de miroirs
116. Petits modèles au point de croix
118. Encyclopédie de la broderie : plus de 400 points
119. Merveilles pour Noël : papiers magiques, décorations, gourmandises
121. Imitation marbre & bois avec des pochoirs - Décor à l'italienne
122. Origami : grands pliages d'animaux
123. Bouquets de fête en papier crépon
125. Encyclopédie du tricot à la main
126. 500 modèles au point de croix
127. Peindre en trompe-l'œil
128. Bijoux de rêve à faire soi-même
129. Gravure sur verre
130. Babar, Spot, Mimi et les autres au point de croix
133. Housses, nappes et coussins
134. Stores, voiles et rideaux
137. Un printemps déco

Idées-palette

1. L'aquarelle pratique
2. Le dessin pratique
3. L'acrylique pratique

L'art qui bouge

Arcimboldo

Je joue avec

Matisse

Créa-déco

1. Cadres
2. Noël
3. Porcelaine peinte
4. Pots

Caractères

1. Calligraphie latine
2. Calligraphie chinoise

Je débute

1. Je débute à l'aquarelle
2. Je débute au pastel
3. Je débute à l'huile

Les cahiers du peintre

1. Aquarelle
2. Paysage
3. Peinture à l'huile
4. Nature morte
5. Dessin
6. Portrait
7. Crayon de couleur
8. Fleurs
9. Pastel
10. Animaux
11. Portrait/2
12. Marines
13. Aquarelle/2
14. Peinture à l'huile/2
15. Nus
16. Paysages urbains
17. Arbres
18. Acrylique
19. Perspective
20. Ciels
21. Ombres et lumières
22. Animaux sauvages
23. La gouache
24. L'eau

Les clés de

1. L'aquarelle
2. La peinture à l'huile
3. Dessin : crayon, encre, fusain, feutre
4. La peinture de paysage
5. Fleurs à l'aquarelle
6. Portrait : huile, aquarelle, pastel, dessin
7. Nature morte : huile, aquarelle, pastel
8. Le corps humain : étude du nu
9. Les animaux : crayons, pastels, aquarelle

Hobby-peinture

1. La peinture à l'huile
3. Le dessin
4. Composition et perspective
7. L'aérographe : initiation
9. Guide complet de l'amateur : du dessin à la peinture

Encyclopédies

1. L'encyclopédie de la poterie : techniques et création contemporaine
2. L'encyclopédie de l'aquarelle : aquarelle-gouache-acrylique
4. L'encyclopédie de la peinture à l'huile
5. L'encyclopédie du pastel
6. L'encyclopédie du papier : origami, art, création
7. Encyclopédie : les bases du dessin
9. L'encyclopédie du crayon de couleur
10. L'encyclopédie des peintures à effets décoratifs : trompe-l'œil, imitation bois et marbre
11. L'encyclopédie de la peinture acrylique
12. L'encyclopédie des techniques de peinture : huile, aquarelle, acrylique, pastel...

Les secrets de l'artiste

7. Les secrets de la perspective
11. Les secrets de la peinture chinoise
12. L'art de la composition et du cadrage
13. Le collage, art du vingtième siècle
14. Le dessin, art des origines
15. Secrets de peintres : apprêts, marouflage, médiums, pigments, glacis, vélatures, dorure, vernis...
16. L'aquarelle, art de la transparence
17. Le pastel, art de la couleur
18. La couleur et ses accords
19. Le jardin de l'aquarelliste
20. La sculpture, art du modelage : terre, plâtre, cire, résines, pâtes
21. L'atelier de l'aquarelliste
22. L'art de peindre à l'aquarelle
23. Fleurs en liberté, aquarelle
24. L'atelier du peintre à l'huile
25. L'atelier du pastelliste
26. Le corps humain, nu et anatomie
27. Fleurs des jardins à l'aquarelle
28. Aquarelle, l'eau créatrice
29. Une leçon de dessin
30. Une leçon d'aquarelle

Fleur'Art

Éducation artistique - Initiation

15. L'art et les petits : sculpture, architecture, peinture
18. Arts plastiques : ateliers pour les 5 à 12 ans
20. Récréations artistiques pour les 5 à 12 ans

Autour des musées

4. Au Louvre, un voyage au cœur de la peinture
16. Au musée d'Orsay, un voyage au cœur de la peinture
21. Carnavals en France hier et aujourd'hui

Index

Remerciements

Ce livre n'aurait pas existé sans l'aide de mes proches – David, Henry, Felix et Hugo – et sans celle de Geoff Dann, un photographe enthousiaste, de Gavin Durrant, un assistant photographe sans pareil, et de Steve Wooster, un concepteur graphique très sensible. Un grand merci aussi à Colin Ziegler, à Claire Waite et à Gabriel Townsend, pour leur patience et leur compréhension.

Je dois beaucoup aux conseils avisés d'Eri Hz. Heilligers, qui a fourni les variantes présentées page 76, ainsi que les mallettes des pages 77 et 90. Merci à Kate Pollard pour sa participation à la table de la page 26 et à la cheminée de la page 30.

Les ouvrages présentés dans ce livre ont été réalisés avec des produits Annie Sloan. Je tiens cependant à remercier les sociétés suivantes : Polyvine pour les vernis ; R. G. Willis pour la tablette de cheminée ; Finesse d'Oxford pour les médaillons, les corniches, les cheminées et les consoles en plâtre ; Sue Teichmann pour la corbeille à papier.

Merci à Lewis Ward de Whistler Brushes, dont les pinceaux figurent dans cet ouvrage, et à l'équipe de Relics of Witney, en particulier à Bret Wiles, à Chris Walker et à Ray Russel.